日本亞馬遜排行榜 NO.1

真希望
國中數學
這樣教

前言

東京大學先端科學技術研究中心，簡稱為「先端研」。

在與東京大學駒場校區有段距離的地方，這裡集結了世界各地不屬於傳統學術範疇、從事最先端領域研究的教授們。

但是……，

老實說，這裡和文組出身，畢生以寫作為志業的我實在沒有什麼緣分。我從國中開始就受數學所苦，不斷逃避，升上高中後甚至在微積分考試考了 0 分，也因為這個惡夢所以大學唸了文學院。像我這種「因為消極理由讀了文組的人」，光是要踏進這個研究中心就感到害怕。

然而，就在某一天，

你不想破解對數學的障礙嗎？
想破解吧？
就趁這個機會吧！！！

我被跟我一樣有「數學障礙」的編輯所召喚，在被半強迫之下前往研究中心採訪。

一問之下，才知道有位資深的應用數學教授西成活裕老師，他曾以數學角度說明「為什麼會塞車」，並確立了「壅塞學」。而他將會教我超清楚、淺顯易懂的數學。

其實我當下想的是：

真的假的啊……

我可是擁有持續惡化中的「數學障礙」，至今仍極力避免接觸數學的人啊。雖然知道只要買參考書就能從頭學起，但我從來沒有這個打算。

但另一方面，平常工作時只要訪問到企業經營者或經濟學家，我就會感嘆自己實在欠缺數學知識，我也希望年紀還小的女兒可以把數學學好。……想是這麼想啦，但說實話，我真的沒自信未來能幫女兒看功課。

咦？等等！說不定……，這就是個千載難逢、排除數學障礙的最佳機會？

想到這裡，原本拖著沉重腳步的我，好像開始可以樂觀看待這次的訪問了。因為這種機會說不定不會再有了。
沒錯！！
就這樣，這堂「讓害怕數學的你也願意重新學習」的課程，就要在老師的「西成研究室」展開了。

不過，就先從結論說起吧。
連身為 30 年純正文組生的我，透過這 6 天的課程，都毫無障礙地理解國中數學了。
現在也有足夠的自信可以教女兒數學了。
而且，我也進一步解開了一直以來的疑惑「為什麼數學這麼重要？」

更讓我驚訝的是，我竟然還**學會了在高中時期就被我完全放棄的基礎微積分……！**

是不是覺得很神奇呢？

尤其是我只花了 5、6 個小時就學會了。

在短時間內一口氣解決了 30 年來的障礙，雖然很開心，但也不禁會想：搞什麼啊，真希望國高中時期就知道這些啊～。

工作上需要用到數學的你、常常心生懷疑「為什麼得學數學？」的你，或者像我這樣沒有自信教導孩子數學的人，甚至是從國高中時期就有「數學恐慌」的人，都非常推薦讀讀這本書。

不僅能了解學數學的重要性，也能在最快的時間內學會國中數學，獲得未來工作上需要的思考力。

和我一樣一路走來都是文組、光是看到數字就痛苦的人！快打開「西成研究室」的門吧！

人生中第一次搞懂數學的

鄉 和貴

本書特色

這是一本為了「不擅長數學」的人所寫的「重新學習數學」的書。

通常學生從國一到國三必須弄懂數十個單元，往往看不見學習的終點，但這本書為了讓讀的人能快速掌握國中數學核心，因此僅將數學分成三大類別，並一一設定三大類的最終目標（大魔王），再走捷徑到終點！

一般路徑

本書路徑

必須一一擊破
數十個關卡

以最短路徑學習
所有單元！

終點

好快！

只有三層

Nishinari LABO

Contents

真希望國中數學這樣教！

為什麼 要學數學？

數學對人生 真的有幫助嗎？ ………… 18

用數學面對 現實生活中的問題！ ………… 34

第**2**天

用最快、最短時間學會國中數學！

數學的世界可分成三大區域

第3天 徹底掌握國中數學頂點——一元二次方程式！

第4天　快速理解國中數學的「函數」！

第5天 悠哉學會國中數學的「幾何圖形」！

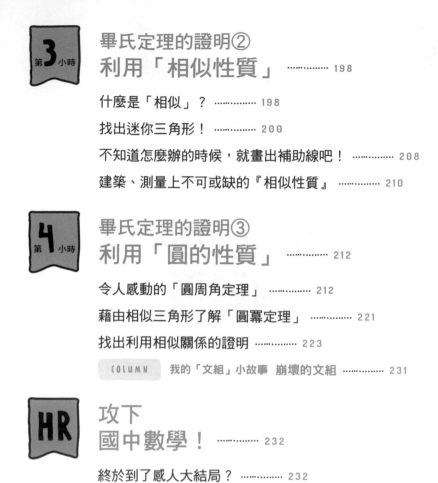

〈特別課程〉體驗看看數學的最高殿堂「微積分」吧！

第 **6** 天

小學生也能理解的「微積分」

第 **1** 小時

本文設計＆DTP：高橋明香（おかっぱ製作所）
校正：Fun Study Production、ぷれす
插圖：meppelstatt

登場人物介紹

教學者
西成活裕 老師
東京大學先端科學技術研究中心教授

年僅 42 歲就當上東大教授的超級菁英，抱持著「希望能讓孩童、學生、主婦都能喜歡上數學！」的想法，拯救眾多「數學迷航者」的偉大人物。
興趣是歌劇（還出過唱片）。

學習者
我 （鄉和貴）
以撰稿為志業的純文組人

從國中時期就為數學所苦，自從高中在微積分考試拿到 0 分後，就完全斷絕了理組之路。之後，就連看一眼數學的「數」這個字都不願意。
為了未來能教導心愛的女兒數學（其實是想看見女兒崇拜的眼神），才答應了這項工作。

責任編輯
「想治好對數學的恐懼！」簡而言之，就是個為了解決自己的煩惱而把別人捲進來的罪魁禍首。

第 1 天

為什麼要學數學？

Nishinari LABO

數學對人生真的有幫助嗎？

一般想逃避數學的藉口，常常都是「我不知道數學對未來有沒有幫助」。那麼，首先就來消除這個疑問吧！

➡ **不是「數學沒有用」，**
而是「不想讓數學變得有用」

 歡迎來到西成研究室！

 老師，請多多指教。不好意思，像我這樣不擅長數學的人來當您的學生……。

 不會不會，我的目標就是希望能讓更多人對數學有興趣。因此，如果要好好說明數學的話，以不擅長數學的人為對象，我想反而能解說得更清楚好懂呢。

 這樣我就安心了。那麼，機會難得，我就直話直說啦……
到底為什麼要學數學呢？

我曾經上網搜尋，大部分的人對於這個問題的回答都是「數學對現實生活沒什麼幫助啊」。
我想，我們平常大概也不需要會解方程式吧……。

確實，缺乏數學知識也能活得下去。但在和別人應答的時候，內容會有點雜亂。

 雜亂……？

 後面我會向你說明的。會說「沒有用」的人，只是「沒有讓數學變得實用」而已。其實，有很多時候都能應用到數學。**畢竟數學的一大重要功能**，就是解決世界上的各種問題。

 解決問題……聽起來好像很困難（焦慮不安）。

 想逃跑了嗎（笑）。你想想，我們總是會有這類的期待吧？例如：「有沒有最完美的方式？」或是「真希望可以更有效率」等等。**數學就是為了改善這些日常生活中的「困擾」而持續進化的學問。**

➡ **立刻運用數學來解決身邊的問題吧！**

 不過，要說到會使用數學的人，通常會想到的都是從事科學研究、在金融機構進行風險管理，或是從事建築相關工作的人，大多給人「頂尖專家」的印象……。

我們日常生活中會遇到的問題，應該用國小、頂多到國高中的數學就能解決了吧？

的確可以。
嗯……，
你有小孩嗎？

我有個 1 歲的女兒。

那麼，舉例來說吧，女兒有一件她很喜歡的衣服，不小心在學校弄髒了，現在你要用漂白水把汙垢洗掉，請問要把多少漂白水跟多少清水一起稀釋，才不會讓女兒心愛的衣服褪色呢？
看看漂白水瓶身的標示，出現了「標準用量：以 3 公升的水搭配 30ml（約一瓶蓋）漂白水」這樣的文字。

現在，你已經準備好一個臉盆（約 6 公升）的水了，那麼，要倒入多少的漂白水呢？

呃……我想想（靜默）。

再不趕快洗，汙垢會洗不掉喔，而且倒太多漂白水導致衣服褪色也不行。

稀釋的條件

3 公升水搭配 30ml
的漂白水

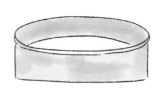

6 公升的水

要倒多少瓶蓋
的量呢？

我決定直接上網從 UNIQLO 再買一件，反正這件衣服從她在學校弄髒到她回到家都這麼久了，現在就算拚命洗也應該沒救了吧！

原來還有這個選項啊……。

啊！這就是「不打算應用數學」的心態吧！

就是這樣（還好你有注意到啊……）。

確實，世界上除了計算以外，還有其他替代方案，因此有很多時候不使用數學也無妨。不過，像 311 大地震時，所有運輸方式被迫中斷，就不是花錢就能解決問題了呀！其實數學知識可以運用在各種情況喔！

回到這個問題，因為水有 2 倍的量，為了維持其濃度，漂白水也必須增量至 2 倍。

時需要

3 公升的水　　　漂白水 30ml

所以……

時需要

6 公升的水　　　漂白水 60ml

只要將 30ml 乘以 2 就可以了。

也就是說算式為 30×2……答案會是「60ml」。

用小學生的算術就可以解出答案。

 喔～意外地簡單呢。而且這樣還能省到錢！

 我們現在討論的，就是把數學應用在生活中的例子，許多人與其說是「不想應用數學知識或觀點」，不如說是「沒想過要用數學解決現實生活中的問題」吧。

 嗯……無法反駁，確實是如您所說的這樣。

 試著讓數學在生活中發揮用處、以及打從心底不想讓數學變得有用的人，差別就在這邊喔！

⇨ 數學的原點是「想測量」的欲望！

 說到底，究竟數學是為了什麼存在呢？這是一個很深奧的問題，也許直接回溯到數學的起源會較好理解。
被譽為現代數學之父的德國數學家高斯，我曾經去拜訪他當時居住過的城鎮。

 高斯？很有名的……？

沒錯。他也是物理學家，因此他的名字也被當作「磁通量」或「磁感應強度」的單位。他所住的城鎮有座小山，我想他也一定有爬上去過，所以我也去了一趟，當我爬上山頂時，你猜我有什麼感覺呢⋯⋯？

卡爾·弗里德里希·高斯
（1777－1855）

啊——好想喝杯啤酒啊。

這感覺也是有啦（笑）。
給你個提示：「爬上山頂的時候，你覺得視線裡面會出現什麼？」

就算你說了是德國的某座山我也不會知道啊⋯⋯。感覺德國只有平原和森林而已⋯⋯。

沒錯！德國幾乎都是平原，所以山會相對顯眼吧。所以，當你看到離這個山頂距離很遠的另一座山，就會產生：「啊！好想知道這裡到那裡的距離」的想法。

HOW far?

咦，一般人真的會想到這個嗎？（笑）

實際站在那裡的時候，大家都會這樣想的吧。

其實啊，高斯雖然留下了許多豐功偉業，但其中一項就是「**微分幾何學**」，是他所創造的理論，簡單來說就是「掌握曲面等圖形彎曲程度的學問」。比如說，他確立了方法，可以將帶有圓弧狀的三度空間，用像畫在紙張上的平面方式呈現出來。

將三度空間轉為平面？

就是地圖啊，地圖。

地球原本就是圓的，但我們看的地圖，除了地球儀以外，都是平面的吧。不管是 Google Map、汽車導航，還是紙本的地圖都是平面的。

不會覺得不可思議嗎？在圓形的地球表面上，從 A 點到 B 點的實際移動距離，和用尺測量平面的地圖再以比例尺換算後，兩者竟然會一致？

三度空間

平面

確實會好奇，圓弧狀的部分感覺起來會比較長。

高斯也確實思考過兩者之間變換的邏輯。因此，他才成為現代數學之父，更是幾何學之父、測量之父，和地圖之父。

雖然我不太懂，但我知道他是個天才無誤（笑）。

 我想高斯也是眺望著那天我看見的山，好奇著「這裡到那座山的距離」吧！
因為有這種「想測量」的動機，他才會沉浸在數學的世界，也一直沒有喪失對幾何學的熱情吧？

 忽然覺得有點感人啊⋯⋯。

 「無論誰來問都會得到一樣的情報」的好方法就是數學

 接著，我們繼續發揮想像力，再回溯到更過去的年代，當時應該任誰都有「想知道某個物體的長度」、「想了解某個物體的大小」、「想計算出體積」等非常基本的動機吧。**並非一個感覺，而是想掌握更準確的數字。**

 畢竟感覺是會因人而異的嘛。

 對吧？
如果車上導航說「再一小段路後請右轉」、電視上出現「明天會有點冷」的天氣預報，或是衣服尺寸表上寫「適合身材好的人穿」的話，蠻令人困擾的吧！

 會讓人忍不住想：
「那個『再一小段、有點』到底是怎樣啊！」

正是如此。「再一小段、有點」都是憑感覺說的，往往因人而異。……也就是說，**如果只依照感覺表達，容易造成溝通上的誤會。**

舉例來說，古時候當人們要蓋房子，首先要取得木材，這時就必須知道需要多長的木頭吧？
如果標準是「比 A 先生再高一點的木頭」，結果全村的人都靠這個感覺去砍樹的話，會怎麼樣呢？
是不是每一根木頭的長度會參差不齊呢？

A 先生

 確實會這樣。

 或者是想要一個盤子時，向身旁的人說：「可以幫我做個盤子嗎？」對方問你：「好呀，需要多大的盤子呢？」這時如果提出「這樣啊……大概兩個手掌大吧！」的指示，**手掌大的人和手掌小的人，做出來的盤子就有很大的差異。**

手掌的大小不同

做出來的盤子大小不一

原來如此！**只要改用數字，就能正確表達了。**

沒錯。從「**可以製造出一樣的物品**」的角度看來，用數字表示，就賦予了「**可重現**」的性質；如果從「**任誰都會得到一樣的訊息**」的角度看來，就象徵了「**客觀性**」。

這就是一大關鍵。因為具有客觀性，才能產生「規則」，並且發展為數學這門學問，進而應用到各種技術上。

如果沒有數學，房子、車子、電視、手機都無法被生產出來。

因為只憑感覺做事的話，會有極限的吧。

事情越複雜越容易出現極限。就這個角度來說，**我認為數學的起源在於測量或建築。**以數學名詞來說則是「**幾何學**」，也就是圖形。我想，數學就是起源自「怎麼樣才能測量？」和「怎麼樣才做得出來？」這類迫切的需求。

應該不會是從計算欠了多少錢和還了多少錢而產生的吧（笑）。

不太可能呢（笑）。

當出現了丈量圖形之類的需求，那個時代的聰明人想必是抱持著「**不行，努力想想辦法吧**」的心態拼命思考，才能進而找出三角形的性質、訂出「**體積＝面積×高**」的公式、定義「**圓周率**」的吧。

⇨ 數學是在現實生活中超好用的學問

 原來如此……。所以,數學才能廣泛應用在各個領域吧。

 物理學、化學和天文學等學問被分類在「自然科學」對吧,這是因為和大自然有關而有這個稱呼。

但是這個分類其實有點曖昧不清,也有人認為「數學是抽象的學問,因此不屬於自然科學」。

或許有人會覺得出乎意料,但我認為**數學本身就是自然科學的基礎,也就是自然科學之本**才對。畢竟如果沒有了數學,就連想觀測自然現象都辦不到了啊!

 天文學也要用到數學嗎???

我們和星星
距離多遠呢……

 沒錯。
我們的課程中會提及圖形的「相似性」,如果沒有這個特性,就無法測量星星的位置了。

但活在現代的我們,卻常常忘記一個早已被視為理所當然的事情:**是數學支撐起我們的文明。**

剛才提到地震，那麼，是不是有了數學，就能計算出**海嘯的高度**呢？

可以的。我其中一項專門的研究，就是計算海浪動向的「**孤波理論**」，屬於特殊的數學領域。

國土交通省（譯註：相當於台灣的交通部）**依據這個理論計算海嘯可能的高度**，並提出「這個區域的防波堤必須建築到某個高度」等數據。事實上，日本的東北地區已經建造了相當巨大的防波堤。

數學也能用來計算海嘯的高度！

好高啊！

實在太巨大的話，好像會有「**一眼望去只看得到防波堤**」的感覺（笑）。

沒錯（笑）。從確保安全的角度看來雖然正確，但如果要追求好看的景觀，可能就不太理想。

從這個例子來看，世界上的問題並沒有辦法單靠數學解決，**但沒有了數學，就無法有個客觀基準值，告訴眾人「至少到這個程度就沒問題」**。

雖然最終下決定的仍是人類，但畢竟數學能顯示出一個基準。

啊，說到這個！談到數學的實用性，20 年前我曾經運用「孤波理論*」協助開發印表機，主要是讓印表機左右移動列印時，印出的字高度落差降到最小。

咦———（×3），好厲害！

其實，世界上像這樣努力進行艱深研究或計算的人有很多，只是大多退居幕後，鮮為人知。不過**只要學會了數學，就能漸漸看到幕後的風景了**。

世界突然開闊起來的感覺嗎？

會產生「**原來世界上的原理或原則，都能用客觀邏輯了解**」的感動。我想如果能親身體會，一定會覺得很開心的。

➩ 站在巨人的肩膀上，早一步找到答案

我已經知道數學的重要性了……不過，要從頭學起還是覺得很沉重呢。畢竟我是打從骨子裡屬於文組的人啊。

沒問題的，因為以前的偉人們留了不少財產給我們。
我有一句喜歡的名言是：「Stand on the shoulders of giants.（站在巨人的肩膀上）」。
這是發現萬有引力的牛頓所說的話。

---

* 工程師羅素在英國格拉斯哥運河旁騎馬時，發現了自然界中的孤波，孤波是一種橫波，它在運動過程中因為波形保持不變，理論上可達到傳輸穩定、不失真，因此可讓印表機印出的字保持高度一致。

當牛頓被問到「為什麼你會有這麼偉大的發現呢？」時，他回答：「**因為我站在巨人的肩膀上，才能看得更遠。偉大的不是我，而是前人。**」

因為這些偉人，我才能看得這麼遠～

← 牛頓

 真是謙虛啊！要是我的話應該會很驕傲的～（笑）。

 人類透過前人們的貢獻，努力不斷學習，漸漸有更多發現。這就是「**人類的智慧會持續累積**」的道理。

 相較於三十多年前我還是個孩子的時候，現在真的變得更加方便，只要一支智慧型手機就能做到許多事情，還有掃地機器人這種東西，甚至出現自動駕駛的無人計程車*了。
話雖如此，卻也不代表是現代人比前人更厲害……。

 必須牢記我們現在能擁有舒適的生活，是因為前人的努力。而且，**每次都從頭開始學習的話，會沒完沒了的**，這樣不管過了多久，文明都不會進步。

---

* 日本自動駕駛技術公司「ZMP」和計程車公司「日之丸交通」合作，於 2018 年 8 月在東京開始實施自動駕駛計程車的測試工作，並開放一般民眾參與，預計在 2020 年東京奧運前使自動駕駛正式商業化。此外，電動汽車製造商「特斯拉」則於 2019 年 4 月發表自研自駕晶片。

從起點開始的人

離終點好近！

帶著前人的智慧的你

GOAL

既然如此，就心存感激地好好學習前人的寶貴成果，如此一來，**就能比別人跑得更快、更容易接近終點，如果遇到更複雜的問題，就試著在這個時代挑戰它、解決它吧**！

我們人類就像這樣不斷承接「蘊涵前人智慧的接力棒」，這也是人類的優點（笑容滿面）。

 承接前人遞出的接力棒稱為「學習」，而用這個接力棒再挑戰新的問題則是「研究」、「開發」或「思考」嗎？
也就是說……完全不必感到丟臉、可以**光明正大地抄前人為我們開闢的捷徑**的意思嗎？

 光明正大地抄捷徑吧（笑）。
不管是國中數學所學到的一元二次方程式還是畢氏定理，都先抱持著「站到巨人肩膀上」的態度盡情活用吧！

 喔！總之就是**不管怎樣，能走捷徑就走捷徑**的意思吧。

 好像有哪裡不一樣呢……。

COLUMN

我的「理組」小故事 **少年西成的興趣**

用數學面對現實生活中的問題！

大家是否常有「數學好＝頭腦好」的印象呢？數學為什麼會「讓頭腦變好」？本篇也會說明可利用思考數學問題鍛鍊的「思考體力」是什麼。

⇨ 不管學什麼都必須善用「邏輯」

 我知道數學是從生活衍生的學問，「心算」也是吧？但我就是不擅長，每次在一些談判場合看到計算得很快的人時，我就非常後悔自己過去偷懶，不好好學數學……。

 不不，**心算和數學完全沒有關係。**

 咦，無關嗎？

 至少我認識的數學學者們，光是要計算怎麼拆帳就慢吞吞的了（笑）。

到底一個人要付多少錢啊？

總共是 50823 日圓……

↖ 知名數學學者

大家如果吐槽他：「你不是數學家嗎！而且還專攻代數（方程式）吧！」他便會回嘴說：「不，我很擅長 n 次方，但是一次或一元二次方程式很弱。」

咦！難道是大腦運用的部位不同嗎？

並不是。認真說起來，**心算很快可以算是一種特殊能力，代表這個人掌握了快速解出答案的訣竅。**
舉例來說，學心算的人會在腦中想像算盤的樣子，接著快速計算；每天在公司看大筆金額的人，則會在看到很大的數字時立刻反應出「這是 1000 萬」。

啊——原來是這樣！

不過，知道訣竅不代表就能解決困難的問題。數學家若採用快速計算找出答案的思考模式，絕對會在某些地方出差錯。
反而是小心翼翼的人，較能成為成功的數學家。

針對數學而言，重要的不是**「計算速度的快慢」**，而是**「細膩程度」**吧。

沒錯。數學最重要的是「又慢又仔細的思考」。

就像是「一一思考不同詞句的意義，接著在腦海中選出最適當的一個」的感覺吧？
必須仔細想「說出這句話以後對方會如何反應？」或是「在這裡說好的根據是什麼呢？」等問題。
我在寫文章時也有這種感覺，非常能夠理解。

這是一樣的道理。

不管是**國文或是數學，都以邏輯為基礎**。

就算只是問候一句「早安」時也一樣。我們往往會在腦中思考「現在是早上 10 點，應該還可以說早安吧？」或是「這個人算是長輩，如果說話太隨便可能會留下不好的印象吧？」等問題。

這也是經過邏輯推導的想法。

這麼說來，大考也不斷在調整內容。相較於死背的知識，著重於思考、判斷、綜合表達能力的情境式題型越來越常見了。

就是這樣。因此，往後與其「背公式」，**不如理解其意義、「善用邏輯來思考」更重要**。

雖然會有人說「我本來就比較擅長語文類，所以不擅長邏輯思考這類的事情……」，但是**將腦中的邏輯用「語言、文字」書寫出來，就是國文，將其用「符號」呈現的，就是數學了。**
在數學課上學到的「公式」，以感覺來說就和學習「語言」是一樣的。

原來如此～。**不管擅長什麼，每個學科的根本都是以邏輯為基礎**，只是「使用的語言」不同罷了！

頭腦好的真相是具有「思考體力」

不過，**數學好的人常給人「頭腦好」的印象呢。**

咦？
但追根究柢，你認為「頭腦好」是什麼意思？

嗯……（過了幾秒）。應該就是「很擅長進行邏輯思考」吧。

不過就算是語文方面表現比較好的人，也是有人具有很好的邏輯思考能力的。只是努力學數學的話，可以比較容易掌握這個能力罷了。
再說，「邏輯思考能力」又是什麼呢？你知道嗎？

嗯，確實如此……。

我很常使用「思考體力」這個詞。因為我認為「頭腦好」=「具有思考體力」。

我將「思考體力」細分為六大類型的能力：

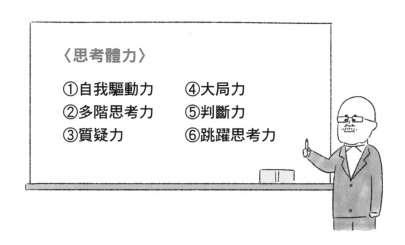

〈思考體力〉

① 自我驅動力　④ 大局力
② 多階思考力　⑤ 判斷力
③ 質疑力　　　⑥ 跳躍思考力

 喔喔，所以形容一個人「頭腦好」，就等於認同他具備這些綜合能力的意思嗎？

 沒錯。因此，一句「頭腦好」，其實涵蓋了許多。
能同時具備這些能力的人，就能解決複雜的問題。

 這樣啊……這麼說來，**數學能夠鍛鍊思考體力嗎？**

 正是如此。
尤其以數學來說，最容易鍛鍊到 ②「多階思考力」。
所謂多階思考力，就是像「A 的話可推論出 B、B 再推論出 C、C 再推論出 D……」，「從 A 推論到 D」就是持續累積思考的結果，並且思考到找出答案為止的能力。

一般人在日常生活中，頂多思考至第 2 或第 3 層階梯，就停止思考了，但數學的話必須若無其事地爬到**第 10 甚至第 15 層階梯**才行。

在解決複雜問題時，多階思考力是不可或缺的。

 這和「**邏輯思考能力**」很相似呢。

 沒有錯。「這個人說話很有邏輯」這句話，也代表了「他能夠累積一次次思考的結果」的意思。
只要努力學習數學，就能鍛鍊多階思考力，對國文理解程度也能提升喔。

 因為兩者在「邏輯」上息息相關啊！！！那，面對稀釋漂白水的問題，剛才我回答「直接上網買一件新衣服」的話……。

 ……老實說，只思考到第 1 層吧……（小聲）。

以思考體力面對前所未聞的問題

接下來我會依序說明這六種思考體力。

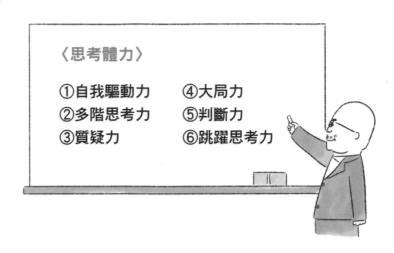

〈思考體力〉

①自我驅動力　　④大局力
②多階思考力　　⑤判斷力
③質疑力　　　　⑥跳躍思考力

 麻煩老師了！！

 「① 自我驅動力」指的就是「思考的引擎」。
人只要「想了解」、「想解決」的念頭越強，就越會
努力思考。但若抱持著「不知道也沒關係」的心態，就不會
仔細思考。

 我平常若寫到自己感興趣的主題或對象時，似乎也會比往常更
努力思考。

 絕對是這樣的。
因此，不能貿然進入課程，重要的是先讓學生知道「到底是為
了什麼而學數學？」，大家才會產生「那就稍微試試看好了」
的想法，並自發性地開始學習。

包括我在內、對不擅長數學的人來說，「學數學」很難成為「發自內心想做的事情」。

要讓數學成為「發自內心想做的事情」，必須要讓數學和自己的興趣產生關聯才行。不管是遊戲、偶像、運動或是空拍機都可以。

要讓孩子的興趣與數學產生連結的話，也需要大人的協助。
例如，對喜歡棒球的孩子，用「打出外野飛球後，球落下的位置可以用二次函數求得喔！」這類方式引起興趣。

不管怎麼想，都覺得這種引導方式最理想，會大幅改變學生的動力。

這是再正確不過的！那麼，接下來的「② **多階思考力**」則像剛才所提過的，是**持續思考的能力**。

就像是思考的耐力吧。

沒錯。尤其對那些較有集中力，或是具備幹勁、剛毅特質的人較有利，國中數學只要認真努力就能學會。

「③ **質疑力**」則是能夠「**質疑自己的判斷和答案**」的反思能力，必須要能問自己「自己引導出的答案是否正確？」或是「自己的解釋正確嗎？」等問題。腦中必須有個「冷靜的自己」，能大幅減少計算失誤。

這個能力即使長大成人也很實用呢。

比如思考「自己想解決的問題是否是必要的？」或是「公司已成慣例的事是否符合現在的社會？」，都是普遍需要的能力。

接下來的「④ 大局力」則像鳥翱翔在空中的視線般，**具備俯瞰全局的能力**。

只要養成綜觀全局的習慣，就能減少漏掉重要事物的可能性。

舉例來說，無法做完暑假作業的孩子就缺乏了大局力。只在乎眼前的玩樂，最後三天才發現來不及了，接著哇哇大哭。

又是在說我了……（淚）。

咦，但是在解數學題的時候需要這個能力嗎？

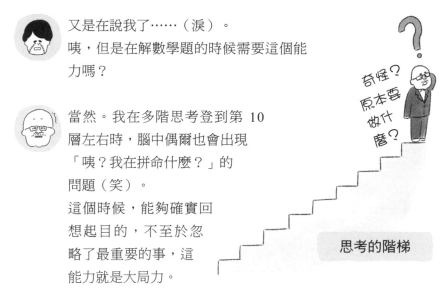

當然。我在多階思考登到第 10 層左右時，腦中偶爾也會出現「咦？我在拼命什麼？」的問題（笑）。

這個時候，能夠確實回想起目的，不至於忽略了最重要的事，這能力就是大局力。

奇怪？原本要做什麼？

思考的階梯

原來如此……就算是老師也會有遺漏的時候啊！（開心）

咳咳⋯⋯接下來是「⑤ 判斷力」，指的是**遇到複雜問題、有多種選項時，要如何正確評斷出最佳選擇的能力**。以數學來說，需要運用此能力找出問題的關鍵，並判斷使用哪一種數學路徑，才能最快解出問題。

至於「⑥ 跳躍思考力」，也可稱之為「**靈機一動**」的能力。使用多階思考時，也會有不斷累積，卻仍找不到終點的可能。這時若能靈機一動，想到「咦？如果用這個方法呢？」往往就能解決問題。

這麼說來，我之前曾採訪過的新創公司經營者，似乎擁有較好的跳躍思考能力。

面對難以預測的未來，我們必須鍛鍊自己每一種思考體力，而數學就是最理想的工具。
舉例來說，日本的問題在於高齡化、少子化，這是人類未曾經歷過、前所未聞的狀況。遇到這類問題，如果不發揮所有思考體力，是無法解決的。

⇨ 用國中數學徹底鍛鍊思考體力

原來如此⋯⋯。
我感到挫折的數學，竟然是「**解決問題的最強武器**」，還擁有「**為了鍛鍊社會人必備的思考體力，所必須進行的腦力激盪**」這種重要的意義⋯⋯。

沒錯，而且一般社會人士的話，只要學會「國中數學程度」，就能對生活有所幫助了。

咦！？您在說什麼？是要一直用到像這種「光用看就覺得頭暈的算式」嗎……。

光用看就覺得
頭暈的算式

$$\oint \frac{ds}{2\pi i} \left(\frac{G(s)}{s^{1/4}-1} \right)^M = \sum_{x_1,\cdots,x_M} \prod_{\mu=1}^{M} h(x_\mu)\, \delta\left(\sum_{\mu} x_\mu - (L-M) \right)$$

※西成老師實際列出的算式。

才沒有這種事呢～！我平常常用的也都是一元二次方程式。極端地說，「只要掌握國中數學，就解決了一半以上的問題。」

要重新學起，只需要學國中數學就足夠了！？
我從日本最頂尖大學的教授口中聽到不得了的話……！終於稍微看見希望了（感動）。

⇨ 提升思考體力，是為了避免變成「被 AI 控制的人」

那麼，差不多該進入本週的數學題目……。

不不不！請等一等。

（還不想開始嗎？）⋯⋯怎麼了呢？

剛才老師說的我已經懂了，但另一方面，現在像是智慧型手機的個人智慧助理、智慧喇叭等 AI（人工智慧）已經漸漸進入我們的生活圈了吧。

如果未來我女兒在學數學時，說出：「**這種事情就交給 AI 就好啦！爸爸好老派～**」之類的話，我該怎麼回答好呢⋯⋯（淚）。

這真是個艱難的問題呢⋯⋯。不過，**我想一旦到了 AI 可以取代人類作業的時代，人類更需要加強鍛鍊自己的思考體力**。

不必害怕被 AI 所取代？

就像過度依賴汽車，人的下半身也會越來越衰弱一樣，越不思考，大腦也會越衰退。因此，人類更須注重「學習」或是「思考」，必須讓大腦有所負擔。尤其是正值發育期的年輕階段。

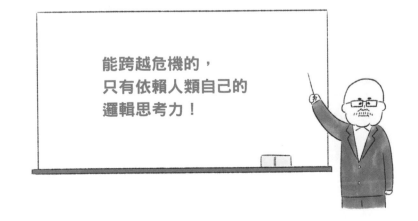

能跨越危機的，
只有依賴人類自己的
邏輯思考力！

意思是說，如果不用頭腦，思考體力也會漸漸退化吧。

沒錯。舉例來說，雖有個方便的計算處理軟體 Mathematica，但我在東大的課程中，升上大三以前都禁止學生使用。

咦？該不會是……為了要讓有點囂張的東大學生聽你的話吧……？

其實東大學生滿乖巧的啦（笑）。是因為不這樣的話，就無法鍛鍊思考體力，尤其是多階思考力。

原來如此～（以為你單純有喜歡虐待人的傾向）。

如果把學校作業全交給 AI 去做，人類的腦也會慢慢退化喔。

也就是說，未來不僅是「經濟狀況上的差距」，還會出現**「思考體力的差距」**嗎？

是這樣沒錯。你打算**毫不思考，將一切交給電腦；還是掌握思考這項武器、掌握創新機會呢？**我想這會形成你和他人不同的分界點。畢竟 AI 也是需要人類設計程式才能運作的。

要成為被 AI 所控制的一方，還是操控 AI 的一方嗎……。我想當操控 AI 的那一方！那麼我們就透過這一次的數學課程，盡情鍛鍊思考體力吧！！

Nishinari
LABO

第

2

天

學會國中數學！

用最快、最短時間

數學的世界
可分成三大領域

與其上過一堂又一堂課卻不清楚終點在哪裡，不如事先設定目標，才能更順暢地重新學習數學。在此先解釋需要先設下的「數學終點」是什麼。

⇨ **數學可大致分為「代數」、「分析」、「幾何」**

 好，今天終於要進入正題了。一開始，我可以先說明一下數學的整體架構嗎？

 好，麻煩了！！如果我不知道要往哪些方向學習，也會覺得相當不安（笑）。

 說的也是。首先，我們先整理一下數學的幾個類別吧。
所謂數學，可大致分為三大領域。

數學包括……

- **代數**（algebra）＝數字・算式
- **分析**（analysis）＝函數
- **幾何**（geometry）＝圖形

分成這
三大領域

咦，竟然有三大領域啊！我連這都不知道（笑）。

 「代數」就是各種數字與算式。

「分析」簡單來說就是函數的世界。有 x 軸和 y 軸，並畫上曲線……，國中會學到的是「一次和二次函數」。而最後的「幾何」則是圖形的範圍。

小學期間這三大領域常常混在一起教，但國中之後就逐漸可看出其分界，進入高中後則是清楚界定三大領域。

 咦———！第一次聽到！！

 而數學中，最早誕生的是與測量相關的「幾何」，再來是為了計算而產生的「代數」，最後才衍生出「分析」領域。

⇨ 只要會這些就 OK！之數學最強武器

 一開始出現的是與人類生活息息相關的面積、形狀、立體等圖形相關問題，並衍生出數學，這種情況的確想像得出來。

也就是說，由圖形衍生而出的需求，推動了數學的進步……是這樣的嗎？

 至少我是這麼認為的。

其實每一項領域在國高中時期需要學會的目標相當明確，這可參照接下來的圖表。

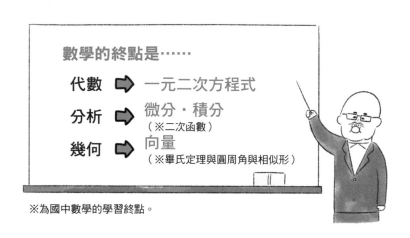

數學的終點是……

代數 ➡ 一元二次方程式

分析 ➡ 微分‧積分
（※二次函數）

幾何 ➡ 向量
（※畢氏定理與圓周角與相似形）

※為國中數學的學習終點。

這三個就是過去偉人們留給我們最強、最厲害的武器。

 這些確實都是在國中到高中時期所學的。

 沒錯。其中尤以微分、積分，堪稱為人類創造出的最高智慧！（沉醉貌）

 不、那個，我真的對微積分很有障礙……

 （完全沒在聽）然後啊！只要確實掌握這三個武器，數學就會突然變得有趣，也能自由自在解出各種問題了。

順帶一提，我剛才和某家廠商的開發人員開會，會議中用到的，只有國中程度的數學而已。

 咦？！是這樣的嗎？

50

就是抱持著「像這個感覺吧」的想法，在紙上大致畫出圖表，到了決定「好，就這樣去算」之後，才第一次開始仔細計算。只是計算時用的也頂多到二次函數罷了。

這麼說來，只要確實學會國中數學，就能得到許多可用的武器了吧？

會在高中微積分遇到障礙，都是因為並未理解國中的「二次函數」所致吧！向量也是一樣的。

不能確實了解二次函數和一元二次方程式，不管是學習「微積分」或「向量」，都還是會在學習途中遇到障礙的。

綜觀來說，只要了解這三種武器，就能展開幾乎所有類型的研究。大學數學也只是比這些更細、稍微複雜了點而已。我這次最想強調的就是這一點了！！

目標已經非常明確，而且國中部分也只有三個……。我覺得難度有稍微降低了。

就業所需的數學思考邏輯要從國中數學培養起

更進一步來說，生活中所需的數學相關思考，僅靠國中數學就相當足夠了，因此我們這次只要解決這部分就行！

咦咦咦……解決得了嗎……（懷疑的眼神）。

沒問題啦～。我們用超短時間重新學會國中數學，找回數學的感覺後，要再重新學習高中數學就簡單很多了！

我這種國高中花了 6 年學數學，也搞不清楚到底學到什麼的人也可以嗎？

 這個嘛……那麼，我們先確實濃縮重點，用 5～6 小時，將**最基礎的國中三年數學確實學完吧！**

就像我前面說過的，**數學不好的人，與其說是「不了解學數學的用處」，不如說是「因為不知道目標在哪裡，就這樣上過每一堂課」**，才會覺得數學很困難。

 就是這樣。**而且還缺乏撐過去的耐力（笑）。**

 這裡有本國中一年級的教科書，只要看看目錄就知道，內容都是以這三大領域（加上一點點其餘的部分）為主，只是細分成小單元慢慢說明而已。

・國中一年級數學所學的單元

代數	〈正負數〉 正數・負數 正負數加減法 加減法混合計算 正負數乘除法 四則運算、分配律	〈算式〉 算式的表達方式 代入・算式數值 算式的計算（加減） 算式的計算（乘除） 圓周率 表示關係的算式	〈方程式〉 方程式的解法 各種方程式 比例式 方程式閱讀題型的解法 速率 比例

分析	〈函數〉 函數 正比 反比 座標 正比圖形 反比圖形	幾何	〈平面圖形〉 圖形（用語與符號）　繪圖3 圖形的移動　　　　　圓與扇形 繪圖1　　　　　　　扇形的弧長與面積 繪圖2 〈空間圖形〉 平面與直線的位置關係 立體體積 立體表面積

其他	〈資料整理〉 度數分布 範圍與代表值 近似值

※台灣教科書中並未以此方式分類。

啊，真的耶！這裡是「代數」，這裡是「分析」，最後這邊是「幾何」。

順序是有其原因的，但這只是依照製作者角度所排序，閱讀者並不會理解。
若沒有經過說明就進入課程，一般人都會感到疑惑，認為：「這是為了什麼學的？」或「是往哪一個目標前進呢？」

搞不清楚原因，也看不見目的地，只是一直被拉著走的感覺吧（笑）。

沒錯（笑）。所以會很挫折。

一開始就先讓學生了解數學的最後終點，只要告訴他們「最後我們的目標是到這個地方，現在做的事情，是前往終點的第一關」就可以。

學生會因此了解自己所在的位置，也比較安心。

……真的是這樣沒錯。這樣的話，一開始不是應該先學較容易理解目標的「幾何」嗎？

這就是麻煩的地方了。如果缺乏代數（方程式等）的知識，學習分析、幾何時就會遇到無法解開的問題。

就算有概念「大概是這樣」，但一旦要問學生「那，具體來說這裡要怎麼估算？」的時候，就**只能用代數回答**了。

但如果抱持著「大概這樣就行了」的觀念，也很可怕呢。

對吧？因此我們也會以代數（方程式）、分析（函數）、幾何（圖形）的順序統整。

➡ **最短路徑就從終點逆推回去吧！**

這次要學的國中數學目標……是什麼呢？

我稍微仔細點說明吧。首先，**代數領域的終點是「一元二次方程式」**。這個非常重要，更可說是整個**國中數學的最終目標**。為了達到這個目標，就必須學習代數裡面的「平方根」或「負數」等。

國中數學的終點⋯⋯

代數 ➡ 一元二次方程式

分析 ➡ 二次函數

幾何 ➡ 畢氏定理和圓周角
與相似形

咦，原來要學習平方根和負數是因為這樣啊。只要清楚掌握目的和手段就很好理解了。

分析領域的終點為「二次函數」。 以教科書上來說則是「拋物線」。不過，國中的分析領域只有極少部分。只有延續國小數學的「正比、反比」，以及國三時會畫簡單的拋物線而已*。因此，這部分的課程一瞬間就結束了（笑）。

太棒了⋯⋯！

而幾何領域最重要的，則是「畢氏定理」、「圓周角」和「相似形」三大主題。
這三大主題也是建築中非常重要的項目。建築師在製作迷你模型時，必須用到相似的概念，不會運用畢氏定理的話，也沒辦法利用直角蓋起房子。

---

* 台灣最新現行課程，關於二次函數在九年級（國三）部分是能知道其意義，與其相關名詞（對稱軸、頂點、開口方向），也能描繪已配方完成的二次函數圖形（拋物線）。

這些知識會連結至幾何領域的最終目標「向量」，一部分則會連結至「微積分」。此外，**幾何領域也會用到一元二次方程式**。因此，一元二次方程式超級重要。

老師，你會不會過度業配「一元二次方程式」了？（笑）

我就特地說明一下吧……**一元二次方程式才是國中數學的最高頂點，也是最後的大魔王！**可以說是「只要學會一元二次方程式，就能從國中數學畢業了。具體來說，只要能在「$ax^2 + bx + c = 0$」的方程式中，自己導出 x 的值，就已抵達終點了。

原來如此。其他領域的魔王是……分析的「二次函數」；以及幾何的「畢氏定理」、「圓周角」和「相似形」對吧。……**該不會只需要專注於這幾個主題就好了吧？**

正確答案！因此要做的事只有這些，其他較小的項目，或是平方根、負數、分配律等，都只是為了打倒 BOSS 所「蒐集的道具」罷了。

覺得難度一下子降低很多呢，而且好像節省了不少時間。

 不說明目標，只是仔細地依照課本安排的順序指導知識固然有效果，但其實只有較聽話、有耐心的學生才能夠持之以恆的念書啊。

 是的！沒有耐心的學生就在這裡！

 因此，不管是為了提升學生的動力，還是為了加強其理解，我都覺得**應該在國一數學教科書的第一頁直接寫上一元二次方程式**，並明確表示「**沒錯，這就是大魔王。在國中階段打倒這傢伙吧！**」讓學生最快掌握目標是最理想的。

 國中數學課本裡的東西，只有五分之一是必須的？

 但是國中數學還是要花上三年去學吧……。

 不不不，最短路徑的話，根本不用花到三年！！
我認為國一到國三間的教科書內容，有大約五分之四可以刪除掉，那些不斷解類似題目的內容會浪費我們許多時間，老實說，有點多餘（小聲）。

 只是為了收集好用的道具，卻要一直解類似的題目？

沒錯。

還有一些例外的題目對吧？

其實，這些例外問題，就算是我這種**每天都會用到數學的人，也大概是二年只會遇到一次左右喔（笑）**。

好少（笑）。那教科書內容應該要有所增減吧。

就是啊！

只要說明最後目標，並視需要重新學習其他小的部分即可。

將起點到終點的結構記到腦中，學習也會變得相對容易！

我也認為這才是「**最快速、最簡單的學習方式**」。

學數學就像做料理

以國中數學體驗超重要的思考方式

了解數學的意義以及國中必須完成的最終目標後，就先來學習數學特有的密技「x」，提升自己的程度吧！

⇨ ## 「不知道就是不知道！」的自暴自棄想法就是「x」

為了讓你可以充分掌握數學的整體面貌，請再讓我說一些重要的部分。

了解最終目標以後，心情變得輕鬆很多，請盡量說！

這樣子啊！（笑容滿面）
那麼，我就稍微時光倒退，回到古代吧。想要測量某樣物體的長度時，有人拼命思考，想著：「我想要測量這個長度……該用什麼順序思考好呢？」也就是「思考了思考方式」。某一天，這個人突然靈機一動，「不知道長度呢……但不知道也沒辦法，就先將長度這裡寫成 x 吧！」我覺得這個「x」打開了文明的一扇門，那個衝擊不下於工業革命或是資訊革命。
然後……

老師、老師，暫停！我快跟不上你的速度了！

喔，抱歉，**我不小心太興奮了（笑）**。
國中數學教到方程式時，「x」好像是很突然地出現了，但我覺得這簡直是劃時代的偉大發現。

「x」有這麼偉大！？

「光看其本身就只是個未知的事物，但從整個式子似乎看得出一些因果關係。**那麼，就用這個因果關係試著找出答案吧？**」這才是偉大的想法。
舉例來說，不管什麼事情，平常應該有感受到「如果不知道就很煩惱的事物」吧？

我太太的心情（秒回）。

喔……這真是永遠的問題呢，必須認真解決才行。
那麼，有沒有什麼因素是與你太太的心情有因果關係的呢？例如「只要做什麼事情的時候她心情就會很好」？

……嗯，這麼說來的話，我覺得她的心情會因為**「工作壓力」**和**「食欲得到滿足程度」**所大幅影響，這兩個原因大概各占了一半左右。

她這不是很好懂嗎（笑）？
那麼我們就將這個發現試著列成數學式子吧。

將「不知道的事物」以 x 取代，因此要將「太太的心情」變成「x」。「她現在的心情如何呢？」這是怎麼猜都不會知道的，先暫且忘記。
接著，再使用 x，列出式子。

請將「列成式子」想成是「思考未來也會出現的情況」吧。
這麼一來，你太太的心情可以用以下式子所表現。

$$x = 職場上無壓力程度 ＋ 食欲滿足程度$$

可以寫成這樣，列出式子以後……

……啊！只要填入 x 以外的因素就可以了。
例如問她「工作順利嗎？」或是「午餐吃了什麼？」**兩者如**
果都得到滿足，就能判斷她「今天心情應該不錯」。

沒錯！雖然實際上可能沒這麼簡單，但是你已經了解「**先將不**
知道的事物用 x 代替，並列出式子，再努力從式子中推算出
答案」這個想法的重要性了吧？

原來如此～。不過，國中就已經出現 x 了嗎？

沒有錯。國中開始，就能體驗到「將未知事物以 x 代稱」的這
種數學真正的潛力。
「**列出方程式，只要照著一定的程序推算，任誰都能**
算出答案」這件事，其實是相～～～當劃時代的創舉，**這也**
就是代數這個領域的本質所在。

但也有人因為 x 和 y 出現，而在學習數學時感到挫折的吧。

的確有的。不過呢，x 只是個代稱，也可以改成自己喜歡的代號，不管是「甲」、「？」、「○」還是西成的「西」都可以。也就是說，**只要看到 x 就把它想成是「不知道的東西」就可以了。**

用什麼代號都 OK 的。

⇨ 列出算式，眼中的世界就會大幅改變

嗯……。不，但是**光要列出式子、解出問題就已經很難了**……。對於有數學障礙的人來說更是……。

你說的沒錯。

不過，你不覺得只要「先將不知道的事物先以 x 代稱」，問題就變簡單了嗎？

因為先認定「不知道的事物就是不知道！」反而會開始轉為思考「這裡有什麼關聯性或規則嗎？」

不要在乎「未知」，而是著重於「關聯性」……。

正是如此！

其實，我現在正提出申請，希望將使用一元二次方程式的一組算式列為專利。詳細內容我無法說明，但只要使用我所設計的一元二次方程式，汽車的燃料費會變得更節省，可創造出對地球環境更好的社會。

第 **2** 天

用最快、最短時間學會國中數學！

咦？怎麼突然說到這個？

意思就是，就算是跟地球環境有關的問題，其實只要靠一元二次方程式就能解決。只是要列出式子很困難就是了……。

原來如此。
如果想出了一個可普遍應用的算式，汽車製造相關人員只要將數字代入 x，就幾乎能自動得到答案了。

沒錯沒錯，而可以設計出這個算式，也多虧了「把未知事物先以 x 代稱」的想法。就連我也沒想過，竟然最後可以設計出這麼簡單的一元二次方程式。

一元二次方程式真是太強了……！

這次為了在短時間內學會國中三年的數學，算式會由我來列出，但可以的話，我還是希望你可以在日常生活或工作上試著列出算式，也可用來計算利息等。

只要經歷過一次，利用自己身邊的問題列出式子，再導出 x 的過程，不管是對於數學的印象，還是眼中的世界，都會大幅轉變的。

第 **3** 天

徹底掌握國中數學

頂點——一元二次方程式！

以數學解決
日常生活的困擾吧！

接下來，我們要思考如何使用數學解決實際生活中的問題。而這個問題就是「做一扇貓專用的門」。究竟我們能不能做出貓咪喜歡的門呢？

⇨ 打倒國中數學大魔王「一元二次方程式」！

 今天呢，我們要一口氣直衝到國中數學的頂點，解開一元二次方程式！

 喔喔……！要全部學完代數嗎（吞口水）？

 正是各位最不擅長的代數。**一元二次方程式是國中數學中的最強魔王**。但只要能先打倒它，國中數學就幾乎能過關了。

下一堂課程中要說明的分析（函數）只要一下子就能結束，而最後教的幾何也只要畫一畫圖就沒問題。

問題最大的就是代數，這是一個較為抽象的世界，難度也稍微高～了一點。

 大魔王……（想像中）。

⇨ 為了可愛的貓，列出算式來看看

那麼，我們就實際來試試看吧。
我已經用許多例子說明過，數學可以解決現實生活中的問題，
因此學習數學時，也要盡可能以貼近現實的方式思考。
我們的故事主角是「貓」。

貓！！！？

沒錯，就當作我們在家裡養了一隻可愛的貓
吧。我們要在門上開一個洞，裝上小門讓貓
可以自由往來每個房間。小門固定處在上
方，像鞦韆一樣可以向內外側轉動。

「做一個給我專用的門吧，喵♡」

貓咪用這麼可愛的眼神看著你，不做也不行吧。

咦……，唉，是這樣沒錯啦。

這就是今天的問題。
這是**對貓咪來說很重要也相當確切的需求**，我們就用數
學的力量解決吧！

67

問題

 喵♡

來做一扇貓咪專用的門吧!

 當然,門的大小必須要能讓貓咪順暢通過才行。不過,如果門孔開得太大,開關門又太費力,貓咪也很可憐,因此尺寸必須恰到好處。

首先,要考量的是門的寬度……,突然要開始做可能沒什麼頭緒,就先畫個圖吧。

接下來則是長度了。如果是貓的話,長度必須要至少是寬度的 2 倍吧?再加上為了加工裝上的門軸,也必須預留 5 公分長度。

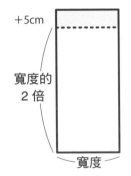

+5cm

寬度的
2 倍

寬度

 那麼,長度就是寬度的 2 倍再加上 5 公分……。

 沒有錯!
再來,家裡的儲藏室內,剛好還有大概 600 個約 1 公分寬的小塊磁磚,你太太常常抱怨:「好佔空間!」

 佔空間!

 那就立刻用掉!

68

機會難得，就將貓門貼得美一點吧，貓咪一定也會很開心。
所以開口部分的面積是 **1cm²×600**，就是 **600cm²**。

至於寬度仍不知道，這時候國中生剛學習代數獲得的道具
「不知道的就先以 x 取代」就登場了！
不過，為避免有些人一看到 x 就產生抗拒感，今天的課程我們
先以□代替吧，將寬度設為□cm。

這麼一來，長度等於「寬的 2 倍加 5cm」，也就是「**2×□＋
5**」cm。
那麼門，也就是長方形的面積計算是在小學時就學過的「長×
寬」。

由此可見，

〈幫可愛貓咪製作專用門的算式〉

□×(2×□＋5)＝600

或是

□×(□＋□＋5)＝600

　　　→共有兩個□

可以列出以上算式。

到這裡為止就是「列出算式」的過程。

也就是說，使用「＝」（等號），整理出彼此的關係。

現實生活中遇到的問題是必須幫貓做一扇門，列出算式後，是否覺得整個感覺不一樣了呢？

該怎麼說好呢……

有種「問題經過思考、整理後變簡單了」的感覺。

太棒了！將現實生活中的問題以數學算式整理過後，還能徹底消除多餘資訊。

「我家的貓是全世界最可愛的♡」或是「在門上面開洞會不會被房東罵」這些完全不會反映在這個算式上（笑）。

那麼，可以算出□內的數字了嗎？

唔……，那個……（冒汗）。

有點草率嗎？我想也是呢。如果這樣就能找出答案，就不需要數學了。

在一元二次方程式登場之前，大家就是這樣先隨意套入一個數字計算的。

「嗯——，20cm？」

20cm 的話就變成 $20 \times (20+20+5) = 900cm^2$。

「啊，太大了，那改成 15cm 好了。」

計算過後是 $525cm^2$。

「差一點！那用 17cm 吧。」

計算後是 $663cm^2$。

在找到答案以前，必須這樣不斷套入數字計算。

之後會再說明，這個算式如果不走「平方根」這個捷徑，永遠找不到答案的。

在沒有平方根的年代，應該會有人認為「可惡，我絕對要解開！」就不斷「套入數字」計算吧～（笑）。

應該有這種人呢（笑）。
不過應該是某一次，有個直覺較準的人注意到了：「不應該再說什麼好可惜或是能不能整除啊這類感想了……**有沒有什麼方法能一次就找出答案的？**」

結果光為了這個問題，就煩惱了 1000 年。

沒錯。也就是說，我們現在可以自由運用人類花了 1000 年所導出的方法。

只要利用這個方法，就能立刻解開問題，可愛的貓咪也就能在各個房間自由進出了。

就像「**某個東西乘以另一個東西，就會變成什麼**」的感覺，會出現在世界各個事物上。
舉例來說，「長×寬＝面積」或「體重×人數，可算出電梯可承受的最大重量是幾公斤？」等問題就是常見例子。

簡單來說，就是「某個東西乘以另一個東西，就會變成其他東西」。而國中數學的代數領域目標，就是要能隨心所欲解出這個方程式。

LESSON 2 第 小時

掌握代數世界的好用道具——「負數」

數學的起源在於「解決困擾」,因此,就將解決方法以數字替換後思考。首先從「列出式子」開始。

⇨ 把超難算式變超簡單的「固定」之術

好了,為了要解開剛才提到的算式,我們就必須收集代數世界中的好用道具,才能打倒大魔王。那麼問題來了。

$$2 \times \square = 10$$

你知道這個□內可以放入什麼數字嗎?

5!(得意)

沒有錯。**2×5=10**。這是單純的乘法問題,就連小學生也能輕鬆解開,即使不計算 **10÷2** 也能解決。

為什麼這個問題如此簡單呢?因為□內的答案只會有 1 個。像這樣「□(未知數)只有 1 個答案」的算式稱為「一次式(正式名稱為一元一次方程式)。」

突然有種回到學校上數學課的感覺了……。

這只是名稱而已，實際上它只是個題目罷了（笑）。

那麼，接下來再稍微複雜一點，這個算式的話呢？

$$2×□+4=10$$

這個……是「3」。

沒有錯，用心算就能解開。

在這個算式中，希望大家能記得的重點就在於將「2×□」看成一個「固定物」。

既然不知道□是什麼，當然也不會知道□的 2 倍是什麼。因此如果把「2×□」換成「◎」，

視為一個
「固定物」

$$\boxed{2×□}+4=10$$

↓替換成◎……

$$◎\qquad+4=10$$

也就是說，

$$◎=6$$

對吧？這就變成了單純的加法問題，立刻找出「◎」等於「6」。只是這樣不代表問題已經解決，因為得出答案為「6」的「◎」原本是「2×□」，

73

因此可以列出以下式子：

$$\underline{\odot} = 6$$

↓ 將◎變回原本的算式……

$$2 \times \Box = 6$$

也就是說，

$$\Box = 3$$

這麼一來，真是不可思議，就變成一開始那個超簡單的題目了。我再重複一次，在這裡我要表達的重點，**就是將算式的一部份看成「固定物」來計算**。到這邊為止還可以嗎？

 我還跟得上！

 光這樣就解決國一數學的一半了。

 好快！

 這就是一元一次方程式，這麼簡單的原理竟然要花半年學習，明明只要 5 分鐘就能結束了。那麼，接下來就試試看稍微有點變化的版本吧。請回答□內的數字。

〈算式 A〉 $2 \times \Box + \Box = 9$

嗯……3？

 沒有錯。那麼，這個算式中的□有 2 個，這是幾次方程式呢？

 因為有 2 個，是一元二次方程式吧？（得意）

 太可惜了，是一元一次方程式喔！
感謝你這麼乾脆地答錯（笑）。
請仔細看看算式的左邊喔。

$$2 \times \square \quad + \quad \square = 9$$
$$\downarrow \qquad\qquad \downarrow$$
$$\text{有 2 個} \square \qquad \text{有 1 個} \square$$

這個，是代表「2 個□再加上 1 個□」的意思吧？

 這個……沒有錯。啊，這樣的意思是□總共有 3 個吧。

 沒錯。算式看起來□只有 2 個，可能會被誤導，但其實等號左邊是代表「3 個□」，也就是「$3 \times \square$」的變化版。

$$3 \times \square = 9$$
$$\square = 3$$

這樣就變成了超簡單的乘法問題。

原本是個分解到一半的算式，但本質上來說就是一元一次方程式。

只要**加總□的數量**就好了呢。

沒錯。因此，以下的數量也可以這樣變化。

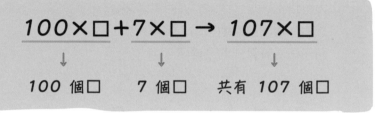

$$100 \times \square + 7 \times \square \rightarrow 107 \times \square$$

↓	↓	↓
100 個□	7 個□	共有 107 個□

順帶一提，剛才第 74 頁的〈算式 A〉則是

$$2 \times \square + 1 \times \square$$

↓ 1 可以省略

$$2 \times \square + \square$$

最後變成了這樣的形式。

原來如此。

這樣一來，國一的部分就快學完了喔（笑）。

咦咦咦，真的假的！？

➡ **現實中不存在的「負數」卻對現實生活大有幫助！？**

 明明有好幾個□出現，卻都只是一元一次方程式……這讓我至今都驚魂未定……。

 接下來就會出現一元二次方程式了，到時候我會一起對照著解說，請放心。現在，還有一個重要的觀念需要說明，我再問你一個問題，你知道□內的數字嗎？

$$2 \times \square + 10 = 0$$

 這個……是「－5」嗎？

 正確。大人的話應該立刻就能解出這個題目。不過，只學過一般加減乘除的小學生看到這個問題，因為還沒學過負數，可能會覺得「算不出答案」。

 咦……那如果是小學生的話，正確答案就是「沒有答案」？

 是的。但如果「沒有答案」是最終答案，那可無法解決世界上的問題呢。

如此一來會很麻煩的，因此古代的聰明人就想到了「負數」的觀念。

現實世界中，**考量到各種比 0 還小的數字，常應用於生活中各個層面**，例如償還貸款或是冰點下的氣溫等。如果沒有負數，就無法解開一元二次方程式，因此可說是一種**革命性的發現**。

咦，這麼厲害！？

不過，從數學的發展史上看來，負數只是為了「合乎邏輯」而產生的概念。

因為列出算式後若「沒有答案」就無法繼續前進，因此為了避免「無答案」，才採用了「越大就會變得越小的東西是什麼？」的觀念思考而出現負數。

好像在猜謎一樣……。

是的。但是也多虧了這個「謎語」，負數的觀念才得以誕生。

我國中學到時也感到疑惑過……。

有很多學生都會感到混亂。畢竟現實生活中並不存在負數，否則會出現這種奇怪問題：「A 有 2 顆蘋果，然後 B 向 A 拿了 3 顆蘋果就離開了。那 A 的手上還剩下幾顆蘋果呢？」

我會很想吐槽：
「他原本就只有 2 顆啊！怎麼拿走 3 顆的啦！」

就是這樣（笑）。不過**知道負數的概念後，就可以再進一步思考更複雜的計算**，如：「A 手上的 2 顆蘋果沒了，再多借給 B 1 顆蘋果的份。」

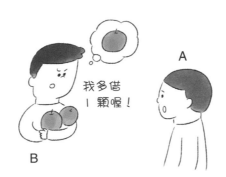

像這樣思考、計算現實中不存在的事物，稱作「抽象化」。這就是數學的厲害之處。

 「減號」和「負數」是兩個完全不同的東西

這裡要補充的是，「5」這個數字前的「－（負號）」並不是小學時期很熟悉的減號，而是「表示負數的記號」。
雖然有點複雜，但「－5」這個標示方式，只不過代表了「負數」而已。

重點 在這裡！

「減法」和「負數」並不一樣。

$5-5=0$
　↑這裡代表的是「減法」
$5+(-5)=0$
　　↑這裡代表的是「負數」

「－5」所代表的，有可能是「借 5 塊錢」、「零下 5 度」，也可能是指「棋子退 5 步」等。

就是代表「負數」的記號嗎？

這代表的是「負數」，也是個記號。反過來說，小學階段所看到的數字都屬於「正數」。

例如「100」這個數字，原本也可寫作「＋100」。不過這樣一來，就會處處都是記號，反而不易理解，因此才省略的。

重點 **在這裡！**

「正數」的「＋」記號通常會省略不寫出。

   5

寫成這樣，但其實是

   ＋5

的意思。

就像某些文件上，增加的都會直接寫上數字，但減少的則會加上「▼」的符號呢。

沒錯，就是這個樣子。

只將負數的數字加上符號以利辨識，其他正數的數字就省略符號不寫，這也是數學界不成文的規定。

⇨ 再次用「固定」魔法來解決問題！

 話雖如此，但若將正數「5」加上負數「−5」時，算式寫成「5＋−5」又讓人無法理解……。

 嗯～確實，會讓人不知道到底是加還是減。

 因此，如果負數前面有其他符號時，會用括號（　）將負數括起，這樣會比較容易看懂問題。
而「5＋（−5）」的這種寫法也隨之誕生。

 這個……看起來好像跟剛才提到的「固定物」有點像？

 你真是敏銳！看到括起數字的（　）時，只要想成是「啊，這是固定物！」就可以了。
看成「固定物」以後，更能理解「−」的符號不代表減號，而是「負數的記號」吧。

 不過，實際要解題的時候……。

 就用減法即可。「5＋（−5）」和「5−5」一樣，答案都是「0」。「5＋（−8）」的話就是「5−8」，也就是「−3」。

那麼，為什麼用減法就能了呢？我們用大富翁來做比喻。
起點為 0，自己前進了 5 步以後，發現必須抽一張命運卡，結果上方寫著「後退 5 步」。
這時你腦中會以「5−5」的方式計算對吧。

原來如此。啊！也有可能出現負數的減法吧？

也有的。例如「**5－（－5）**」。看起來會讓人稍微退縮，但並不是什麼可怕的情況。
「減掉負數」時，只要記得會變成加法這個簡單的規則就可以。

記得規則是可以啦……，但是為什麼會變成這樣呢？

舉例來說，你現在在玩大富翁到了第 5 格，突然出現了特別規則：「抽到下一張卡時，必須依照上方所寫的數字後退」。
這時候卡片上卻寫了「－5」。「後退 5 步」還可以理解，但「後退－5 步」又是什麼？其實這和前進 5 步是一樣的意思。
結果來說，已經站在第 5 格的你，會來到第幾格呢？「**5－（－5）**」可變化為「**5＋5**」，答案就是「**10**」，第 10 格。

……我好像有點似懂非懂。

如果還是覺得難懂，就這麼想吧：
這是學習數學這個『語言』時必須掌握的基本文法。
只要記得「負數減法時」以「加法」計算即可。
同時也可稍微回想一下大富翁的玩法。

重點 在這裡！〈負數的減法〉

計算負數的減法，如 $1-(-1)$ 時，就會變成加法。
因此，算式可改為 $1+1$。

了解之後，回到剛才小學生會說「沒有答案」的問題（見 77
頁），可看到「$2×\square+10=0$」這個算式對吧。
首先將「$2×\square$」看成「一個固定物」，並以「◎」取代。

$2×\underline{\square}$ $+10=0$

↓換成◎

◎ $+10=0$

這麼一來……

◎$=-10$

再將◎代回 $2×\square$ 的算式內，會變成

$2×\square=-10$這個算式。答案就是

$\square=-5$

接著,如果不管正數或負數,把算式視為「**2×□＝10**」。

和一開始單純的乘法問題一樣。

沒錯。所以可以知道「大概會放入 5 之類的數字。」

只要專注於數字,並代入接近答案的數字,最後再思考是否要
加上正數或負數符號,就算要加上負數也變得很簡單了。
重點就在於是否習慣符號的使用方式。

好的,我了解了。

就是這樣,國一代數已經全部學完了。
這樣就能解開一元一次方程式了!!

重點 在這裡!

一次式稱為「一元一次方程式」,
二次式則稱為「一元二次方程式」。

我的「理組」小故事 數學狂

我的「文組」小故事 四七，二十一？

LESSON 3 第3小時

「負數相乘」與「平方根」是打倒大魔王的重要道具

終於輪到大魔王「一元二次方程式」登場了。為了打倒大魔王,必須先拿到重要道具「負數」及「平方根」。

⇨ 一元二次方程式的「二次」指的就是「相乘次數」

 可愛的貓咪還在等著我們,就繼續前進吧!
接下來是一元二次方程式,一瞬間我們就進入國二階段了。

 感覺越來越難了⋯⋯。

 不不,只是□變成 2 個而已。
就讓我們從最簡單的一元二次方程式看起吧。

$$□ × □ = 4$$

某個東西乘以某個東西等於「4」,也就是指 2 個一樣的未知數相乘,思考看看答案是什麼呢?

 這一次是相乘啊⋯⋯,答案是「2」。

沒錯沒錯，因為「2×2＝4」嘛。

你有注意到「相乘」這一點呢！剛才曾經出現過的「□＋□」這種算式，因為是將□相加成一個數字，便稱為一元一次方程式對吧。這一次重點則在於「相乘」，**如果是未知數相乘的話，就無法全部相加成一個數字了。**

那麼，在這種狀態之下，□有 2 個的時候，就稱為一元二次方程式。

？？？……無法相加成一個數字？

「□×5」的這種乘法，是代表「□有 5 個」的意思，因此也可以用「□＋□＋□＋□＋□」的加法表現。這種乘法的真面目，其實就是加法。

但是「□×□」時，的確也可以用「□＋□＋□＋□＋□……」的方式呈現，但就算知道這一點，要重複加上「□次」的這個數字本身也是未知數，就不知道要加幾次才對了。因此，無法用相加的方式表現。

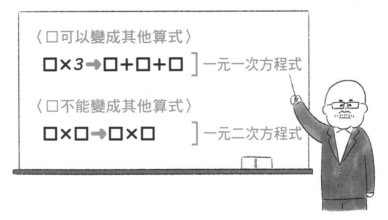

〈□可以變成其他算式〉

□×3 ➡ □＋□＋□ ］一元一次方程式

〈□不能變成其他算式〉

□×□ ➡ □×□ ］一元二次方程式

原來如此～。

就算再怎麼努力想變換算式，最後還是會出現 2 個□相乘的式子，這就是一元二次方程式。

如果是「□×□＋3×□」就是一元二次方程式，如果是「3×□」則是一元一次方程式，我們以最高次數作為方程式的稱呼。

重點在於將未知數相乘的次數

好，這樣子國二代數就差不多結束了。

 結束了！？才只有 3 頁耶？（笑）

 但已經知道一元二次方程式是什麼了，實際上已經會解題了，沒問題的♡

重點 在這裡！

含有未知數（※本書中，未知數以□代替）的等式（有「等於」的式子）稱為「方程式」，而我們以未知數的最高次數如一次、二次、三次，來稱呼方程式，比如以下是一個「一元二次方程式」，「一元」指只有一種未知數（在這裡是指a）。

$$3a \times a + a + 5 = 0$$

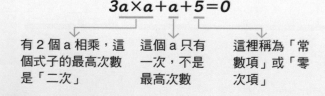

| 有 2 個 a 相乘，這個式子的最高次數是「二次」 | 這個 a 只有一次，不是最高次數 | 這裡稱為「常數項」或「零次項」 |

➡ 謎樣規則「負負得正」

 不過，剛才的題目「□×□＝4」有個大陷阱，我們要能避免掉進陷阱。

其實，這個題目的解答也可以是「−2」。

因為「（−2）×（−2）」的答案也是「4」。

 啊，這麼說來……。

 國中生也許不太了解這部分，也就是「**負負得正**」這個原理。

只要**在網路上搜尋**，很常見到諸如「為什麼負數和負數相乘會變成正數？」等問題吧，不過往往**都是一些讓人難以理解的答案**。

例如有人解釋成「否定再否定就等於肯定」或是「自己討厭的人遭遇不幸的話會很開心吧」這類答案（笑）。

 那麼，老師你的答案是什麼呢？

 「因為這是數學中的定律」。

 老師，你怎麼就這樣將就了？

 不不，因為實際上的確是這樣啊。

就是沒有說清楚，才會有人覺得「數學好難理解」呀。

如果沒有將「負數相乘會等於正數」看成一個定律，將負數帶入數學世界時，一定會產生矛盾的。

 矛盾？？？

 沒有錯。
數學可以加上新的記號或規則，但不可以和現有的規則產生矛盾。就這個角度來看，我們可以證明「若不將負負得正視為定律，就會產生矛盾。」

 啊，可以證明嗎？

 可以的，要不要試試看呢？

（※早就將「負負得正」視為定律的人，可以跳過這段也沒問題。）

舉例來說，「1－1＝0…①」（算式見右頁）對吧。
那麼，就像第 81 頁提到的負數的運算方式，
這個算式可以變換為「1＋（－1）＝0…②」。
接下來，「將兩邊都乘上（－1）…③」。

這個謎樣的算式是為了證明，請先不要過於在意。
兩邊乘上一樣的數字後，一樣能維持相等的關係。
也就是說，算式依序可以變成這樣：

〈負負得正的證明〉

① $1-1 \qquad =0$

↓ 將「-1」換成「$+(-1)$」

② $1+(-1) \qquad =0$

等號兩邊乘上相同數字也會維持＝（相等）關係
因此試著將兩邊都乘上 (-1)

③ $(-1)\times\{1+(-1)\}=(-1)\times 0$

算式 ③ 等號左側的 $1+(-1)$ 可看為一個「固定物」，因此以{ }括起。那麼，任何數字乘以 0，該數字都會消除，也就是「等於 0」對吧。

因此，就會像以下算式般，等號「右邊為 0…④」。

④ $(-1)\times\{1+(-1)\}=0$

算式 ④ 等號左邊改為 (-1) 和固定物$\{1+(-1)\}$相乘。

 相乘……，我的頭腦開始有點混亂了……。

利用便利道具「乘法分配律」

為了要說明像算式 ④ 的算法，我們先看看比較容易理解的算式吧。

例如「3×（2+1）」這個算式的話，

$$3×(2+1)$$
↓是 3 對吧……
$$3×\quad 3$$

因此，答案等於「9」。

但是，「9」是「3×2 的答案」加上「3×1 的答案」而成的……有注意到嗎？

 ？？？？？？

 這是國二所學的重要技巧「分配律」。

以剛才的算式來說可以變成這樣子：

$$3×(2+1)$$
相乘
$$=3×(2+1)$$
相乘
$$=(3×2)+(3×1)$$

重點 在這裡！〈分配律〉

$a \times (b+c)$ 的算式，可改寫為 $a \times b + a \times c$。

相乘
$$a \times (b+c) = a \times b + a \times c$$
相乘

那麼，如果（　）中相加的數字很多也沒關係吧。

沒問題。**這是之後會常常看到的算式，因此請一定要準備好「分配律」這個道具。**

那麼，讓我們先回到第 91 頁提到的「負負得正」的證明吧。

我們已經將算式變化到 ④ 了。

接下來，試著用剛才學到的分配律……

④ $(-1) \times \{1+(-1)\} = 0$

↓以分配律變換後……

相乘
$$(-1) \times \{1+(-1)\} = 0$$
↓　　　　相乘

$$\underbrace{(-1) \times 1}_{a} + \underbrace{(-1) \times (-1)}_{b} = 0$$

會變成這樣。

那麼，請先看 a 的部分。a 的「$(-1) \times 1$」答案可看出是「-1」。數學的基本規則之一，便是無論任何數乘以「1」，答案都不會改變。

a 已算出是「−1」，就可再變化為以下算式。

$$⑤ \underbrace{-1+(-1)\times(-1)}_{b}=0$$

 啊，b 的部分就是「負數×負數」呢！

 你注意到了！我們先在這裡將這個有點難懂的 b，也就是「（−1）×（−1）」再次視為一個固定物，並以□取代……

$$⑥ \quad -1+ \quad \underline{□} \quad =0$$

↑可以代入這裡的答案只有「1」!

為了讓「−1+□＝0」這個算式成立，□只能填入「1」吧。
而這個□的原型 b 是「（−1）×（−1）」……，

□＝(−1)×(−1)
從算式 ⑥ 可得到□＝1，
故 (−1)×(−1)＝1
這個算式成立。

也就是說，這可以證明負數乘以負數如果不會等於正數，在數學計算上會非常麻煩的。

 咦～～～，這樣我完全可以接受！！

是吧。這個證明可是我目前為止證明的所有理論中，最能讓人接受的。

果然不容易啊⋯⋯。

但只要能確實提出證明，就不會讓人覺得「有這樣的規則也無可奈何，只能遵守了」。相較於用「負債的人意外被車撞了，結果幸運拿到保險金」來說明負負得正，這樣可靠多了吧？

其實呢，驅使數學能持續發展的一項動力，就是追求「消除矛盾」的動機。畢竟只要抱持著矛盾，就無法掌握解決各種問題的途徑。

⇨ 「定律」就是巨人的肩膀

確實⋯⋯仔細想想，就連「（－1）×0＝0」這個算式都會疑惑「為什麼會等於 0？」

這也是為了消除矛盾而誕生的「定律」。

其中包括「1」乘以任何數答案不變、「0」乘以任何數一定等於「0」等，都是位居數學世界中最頂端的不變定律。

而「負負得正」則可說是比其更低一階的規則⋯⋯大概是這種感覺吧。

最頂端？是說如果沒有先確定「×0」和「×1」的性質，就沒辦法完成剛才那些證明了吧。這就像是最大前提。

 正是如此。

 國中是有學過「負正得負」這個定律啦⋯⋯。

 這個也只要記起來就行了。
例如，「（−3）×4」等於「−12」，「4×（−6）」等於「−24」。

重點 在這裡！

負數×負數＝正數。
負數×正數＝負數。

 不過，抱持著「為什麼」的疑問不是很重要的心態嗎？這就是老師之前所提，思考體力中的「質疑力」⋯⋯。

 當然，恢復初衷的心態是非常重要的。
只不過，一旦提到「原本既定的規律」這類觀念，反而比較類似於學語言時，必須記起文法的感覺。基本上不會有人對文法有任何怨言吧？
而且先確立前提，是因為接下來可以藉此學會越來越多知識。

 意思是過度質疑前提也不太好嗎？

 話雖如此，其實國小到高中階段所學的算術、數學，就是經過各種質疑後，不斷進化而成的「完成式」。

所以可以完全信賴了嗎？

 沒有錯。雖然教學方式還有許多改善空間，但其中的邏輯已經相當完善。

 所以只要當作是「前人統整好的超便利規則」，並心懷感激的使用就好。

 是的。只要積極運用就可以。當然自己也能思考，但國小、國高中階段的數學也可以這麼看：「這是可以安心搭乘的巨人肩膀，不搭嗎？」

 哇～，聽到「不需要過度堅持去理解前提」，讓我肩膀上的重擔輕了不少……。

 真是太好了！

⇨ 關鍵道具——「平方根」

 了解負數的概念後，接下來的問題是這個：

$$\square \times \square = 3$$

如果像剛才的題目一樣，等號右邊是 4 的話，很快就能解開。但是這次會覺得「咦？」沒辦法馬上反應吧。

 ……大概是 1.5 嗎？

 喔？你是還會掙扎一下的類型呢。1.5×1.5只有2.25。如果想著「那還差一點點」就繼續算下去的話，這堂課大概一輩子都上不完。
而且這個可是需要一直持續計算的喔，因為這個答案是 1.7320508……。

 咦咦！？你記得起來嗎？

 不，怎麼可能。我只是搭配諧音背起來罷了（笑）。
像這樣無窮無盡的數字我們稱為「無理數」。

 像是「有殺不完的怪、或是有一堆 bug 所以一直無法全破的遊戲」嗎……？

嗯，大概是這種感覺吧。

順帶一提，常見的無理數通常會在等號右邊為 **2**、**3**、**5** 時出現。舉例來說，

□×□＝2 時，□為 1.41421356……。

□×□＝5 時，□則是 2.2360679……。這些可以先記起來。

但是這些數字不是無止盡嗎？

沒錯。怎麼想都不會有完整的答案，因此，「有沒有數學上的表現方式，可以呈現出這個□呢？」有人開始這樣想。

於是，就出現了「√ （**平方根**）」這個符號。

例如代入「3」，算式就是這樣子寫的：

$$\sqrt{3} \times \sqrt{3} = 3$$

「√」是個抽象的「**單純符號**」。

看到這個也許會疑惑「咦？為什麼？」但這是數學的已成既定的規則之一。

我們稱呼它為「平方根」嗎？

沒有錯。

「**平方**」就是「**2 個相同數字相乘**」的意思。

那根又是什麼呢？根（root）有點類似「根源」的意思，看起來似乎是有關係的。

你很厲害呢！其實這個平方根的符號在英文中稱為「radical symbol」，而其中 radical 就有「根源」的意思。在拉丁文中則稱作「radix」。

咦───（×3）。竟然還可以學到外文！

不過，在這邊來說比較接近「解」的意思啦。
例如說將 2 個相同的謎樣數字相乘後答案等於 5，這個謎樣數字就稱為「5 的平方根」。
而平方根上面的這個橫線，中間填入的數字越長，橫線就越長。就像「$\sqrt{100000}$」一樣。

這個意思是，中間填入什麼都可以？

當然。也可以填入很長的算式，甚至 $\sqrt{}$ 之中還能再放入另一個 $\sqrt{}$ 也沒關係。

咦──────（×5）！

對了，鄉先生你是唸文學院的嗎？

（咦，這麼突然……）對。我是哲學系的……。

喔，真是巧呢！想出「$\sqrt{}$」上面那條橫線的據說是笛卡兒呢！

什麼！？是近代哲學之祖！他也很擅長數學啊？

……偉人故事到這邊結束，重點是，「平方根」完全就是個定律，和「負數」概念一樣，只要將它們的性質直接記下來，學習速度會快很多。

勒內・笛卡兒（法）
1596－1650

好的，我會老實接受平方根的！

（笑）。如果你能接受的話，國二數學就大概到這邊了。

好快啊——♡（滿臉笑容）。

不過請別忘了，像剛才算式「□×□＝3」中的□答案，不只是 $\sqrt{3}$，也有 $-\sqrt{3}$ 這個解。

啊，我還真的徹底忘了（笑）。

因為有「負負得正」這個定律，所以答案會有 2 個才對。
只要瞭解這一點，也就能知道為什麼「一元二次方程式的答案常常有 2 個」了。

啊……在你說以前，我完全沒特別注意過。

101

➡️ 盡情使用便利道具接近終點

 對了對了，請讓我出幾個平方根的應用題吧。

 什麼————？？？

 好啦，別這樣嘛。先試著解開這個題目吧？

$$2 \times \square \times \square + 1 = 6$$

這也是一元二次方程式。

因為□有 2 個，也沒辦法加總成一個數字。

 嗚～～，我放棄。

 啊，不用心算也沒有關係啦（笑）。

請先回想「固定物」的觀念（見 73 頁）。

$$\boxed{(2 \times \square \times \square)} + 1 = 6$$

↓將這個看成一個「固定物」……

$$◎ \qquad + 1 = 6$$

會變成這個樣子。

好的。

 這裡請先回想起國中學過的「移項法則」。

重點 在這裡！〈移項法則〉

將某一側的數字移到等號另一側時，符號也會相反。
例如：原本為「＋」加號者移到另一側會變成「－」減
號，減號移過去後變成加號。

這也是一個「定律」，因此就直接照做即可。
這麼一來⋯⋯算式會變成這樣：

$$◎ + 1 = 6$$

移到右側，因此會變成「－1」。

$$◎ = 6 - 1$$
$$◎ = 5$$

 啊，原來如此。

我們先回到第 102 頁左下角的算式看看。
「◎」原本是「2×□×□」，因此算式是這個樣子的。

$$2 \times \square \times \square = 5$$

 2 好礙眼喔……還是可以等號兩邊都除以 2 呢？

 很好！就是這個樣子！！

$$(2 \times \square \times \square) \div 2 = 5 \div 2$$

這樣的話……

$$\square \times \square = \frac{5}{2}$$

因為無法整除，你可能會有點猶豫，但我是故意選這個數字設計題目的。雖然可以整除會比較好理解，但無法整除時，也只要像這樣寫成分數形式就可以。

 那等號右邊也可以寫成小數點的 2.5 嗎？

 當然可以。不過，沒有必要特地寫成小數點。
因為如果完全不用另外計算，比較輕鬆吧？

確實如此！這麼說來的話，分數也是為了數學計算上方便而出現的吧。

 可以這麼說。舉例來說，要將 10cm 的棒子分成三等分時，不用分數表示的話，每一等分的長度就會變成 3.3333……**無窮無盡的數字**，很麻煩吧？

為了省略這麼多數字，就會直接採用「分數」表示，是個方便的「規則」。

 原來如此。不過這樣看來……**數學只要遇到不方便計算時，就會出現一堆「規則」**呢（笑）。

 呵呵呵……是這樣沒錯。

不過，我就是想透過這本書傳達這個觀念！

因為只要瞭解這一點，**學習新的數學知識時，難度就會一口氣降低很多了。**

訂·好·的·規·則

 也就是說某種程度上「將錯就錯也很重要」對吧～（老師也都直接將就了！）

 就像玩「UNO」這個紙牌遊戲時，如果放出回轉牌（※將順序逆轉的紙牌）時，有人抱怨「我才不要回轉！」這樣怎麼玩下去啊？

呃，這種人我才不想跟他一起玩呢（笑）。

數學也是「遊戲的一種」喔。
最終目標是為了解決某項問題，但過程就像是解謎遊戲一樣，
會有許多詳細的規定或是既定流程。
必須配合著這些規定來解開問題。

我可以理解數學也是一種遊戲，就是一種打倒大魔王的
「遊戲」呢。

沒錯。也有不少人感到「不擅長符號」，但其實這些凝聚了數
學的力量。畢竟這些符號是踏過好幾千人的屍體，才
得以誕生的（笑）。

喔喔！就是一種「over my dead body」的精神吧！

沒錯沒錯！那麼，讓我們回到正題……

$$\square \times \square = \frac{5}{2}$$

這個時候，□等於什麼呢？

……該不會是 $\sqrt{\dfrac{5}{2}}$ 吧？（吞口水）

正確答案！！！

但是，答案都是一堆符號沒問題嗎？
總覺得看起來不太舒服呢……。

以數學的角度來說，的確可以說是「解開了」。
但你會感到不太對勁，是因為無法適用在現實生活中吧？

因為尺上面又不可能有 $\sqrt{\dfrac{5}{2}}$ 的標示。

我還是很難理解，這樣到底有多長啊……。

咦？那你用計算機不就好了嗎？

什麼～～～？計算機？這樣不會太奸詐嗎？

不會不會。
數學這個世界，**本來就是將怎麼想都想不通的事物，或是像無法整除的數字般難以處理的事物，巧妙運用想像中的符號，讓流程更順暢、更好計算，所以說，最後最麻煩的部分就靠計算機解決就好了。**
因此，**就盡情奸詐下去吧。**

原來是這樣……借用巨人的肩膀、借用科技的力量，讓我們更熟悉、更親近數學。
這麼說來，圓周率的 π 也是這樣吧！

那麼，我們實際用計算機算出數字看看吧。
你用的是 iPhone 嗎？

對。

那請先解除螢幕方向鎖定，並打開計算機 APP，然後將畫面轉成橫向。

啊！出現了好厲害的按鈕！

這個是函數計算機，也可以立刻算出平方根喔。在按下「5÷2＝」之後，再按下「$^2\sqrt{x}$」這個鍵。

哇，出現了！
1.58113883008419！

這就是答案。如果套用在現實生活中的話，只要「差不多是1.6？」就很足夠了吧？
就這樣，我們已經學完國二的代數了。

學校的數學會產生大幅變化！

　　你知道嗎？再過幾年，日本國中和高中的教科書就會有所調整。尤其高中的內容會有大幅度的變化。

　　教授的內容就是我在第 1 天不斷強調的「可應用於現實生活的數學」。

　　原本數學就是為了解決現實生活中的困擾而生，所以就某個角度來說，這也算是回歸其原點。

　　其實，我從 20 年前就不斷主張「數學應該要能學以致用」、「現在的教法只會讓討厭數學的人變多」。

　　仔細看看學校的課程，至今主要教授的，仍是與現實生活有距離的「抽象又美麗的數學世界」。

　　而這個現象的元兇，就是 20 世紀初被譽為德國數學界第一把交椅的希爾伯特博士。他當時主張「數學應朝向抽象化」。

　　當然，因為他追求的是數學的純粹性，因此也促進了數學的發展。但在這之後，在數學領域中，就變得不重視現實生活，反而以抽象化路線為主了。

　　這麼一來，一般人也覺得教科書很無聊，更讓許多學生受數學所苦。到了最近，日本文科省（譯註：相當於台灣的教育部）也開始覺得「無法應用於現實生活的數學就沒有意義了。」因此終於開始修正課程內容，真是一段漫漫長路。

　　當然，強調要「改變數學教科書！」的我，也有參與修正未來教科書的計畫！

消除「差距」，擊倒國中數學的大魔王！

應該有很多人受到一元二次方程式中「因式分解」和「公式解」所苦惱。在這裡就傳授不需要用到這兩個方式的最強訣竅吧！

➡ 「單差距」、「雙差距」規則

那麼，差不多該進到最後一個單元了。
你的青春轉眼之間就要消失了呢（笑）。

總之，在前面三個小時中，我們獲得「負數」和「平方根」等道具，進而解開「□×□＝3」或「□×□＝4」等一元二次方程式了。

這兩個問題的答案分別是……？

「$\sqrt{3}$ 和 $-\sqrt{3}$」、「2 和 -2」！（得意）

喔，你已經會了呢～。
那麼接下來要練習這兩個題目：

$$① \quad \underline{\Box} \quad ×(\underline{\Box+1})=4$$
↳和□有一點差距

$$② \quad (\underline{\Box+2})×(\underline{\Box+1})=4$$
↳和□有一點差距　↳和□有一點差距

①和②的算式中，□都加上了數字，整個式子產生了一點變化。這就是這一次的重點。

比較一下兩個式子，算式①中只有一個□產生變化，但算式②中卻有兩個□產生變化，這時我們可以將①稱為「**單差距**」，將②稱作「**雙差距**」。

差距？？？這是正式的數學用語嗎？

這是世界首創用語，因為是我剛才才想到的（笑）。
那麼，等號右邊都是「4」，你知道怎麼解開題目嗎？

嗯————。

只能苦惱了吧（笑），尤其是算式②更難解。其實啊……
這傢伙就是國中數學的大魔王。

這傢伙

出現了！！！

111

那麼我們就實際解題看看吧。首先是算式①的單差距問題「□×（□+1）=4」。看到這個，你有沒有什麼印象呢？

 啊，可以用「分配律」（見93頁）對吧！（囂張！）

 太厲害了！試著運用分配律後，

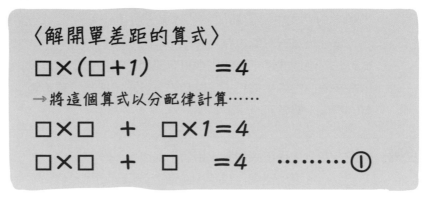

〈解開單差距的算式〉
□×(□+1)   =4
→將這個算式以分配律計算……
□×□   +   □×1=4
□×□   +   □   =4   ………①

這樣一看就能理解了吧。單差距可以變化成這個樣子。

現在先將這個算式放在一旁，再來看看雙差距的算式吧。

〈解開雙差距的算式〉
(□+2)×(□+1)=4

 直覺較敏銳的人，可能會立刻想到「會不會雙差距也能運用分配律解題呢？」怎麼樣呢？看得出來嗎？

……不。我什麼都看不出來……（汗）。

 其實這個是要靠我們提過多次的「固定物」觀念來解開。

 啊，原來如此。把（□＋2）看成一個固定物……。

 沒錯。（□＋1）也可以，但我們先將（□＋2）看成是一個固定物後，就和分配律的算式相同了。因此……

$$(□＋2)×(□＋1)＝4$$

↓可以各自相乘、分配

$$(□＋2)×□＋(□＋2)×1＝4$$
$$(□＋2)×□＋□＋2＝4$$

這麼一來，左邊的（□＋2）×□又可以再運用一次分配律了吧。再變換一次算式吧。

$$(□＋2)×□＋□＋2＝4$$

↓運用分配律

$$□×□＋2×□＋□＋2＝4$$

如果覺得「列算式好麻煩～」，就把這個**想成是手腕的肌力訓練**吧。在這階段如果能享受如跳舞般輕快的解題過程的人，就能朝數學家的道路前進（笑）。

 我大概來不及了（笑）。

 那麼，我們先看等號左邊正中間的「2×□＋□」，這個我們已經在前面（見 74～75 頁）學過了吧。

 有學過呢⋯⋯。確實有 2 個□加上 1 個□⋯⋯因此共有 3 個□，可以整理成「3×□」。

 正是如此！就是「3×□」。接下來將「＋2」移到等號右邊，

$$□×□+2×□+□+2=4$$

可整理成

$$□×□+3×□ \boxed{+2} =4$$

移項到等號右側，變號

$$□×□+3×□ \qquad =4 \boxed{-2}$$

$$□×□+3×□ \qquad =2$$

會變成這樣。這是雙差距式子的簡化過程。

剛才提及的單差距算式①可以變成「□×□＋□＝4」這個形式（見 112 頁），和這個算式看起來很像對吧。

最後**只要能解開這個形式的算式，就代表你已經學會一元二次方程式**。

⇨ 化為「差距相同數字」，就能讓方程式變簡單

 來吧，終於要進入最後篇章了！進入最終決戰了喔！！
不過，要打倒大魔王需要非常厲害的靈機一動……真相到底是什麼呢？應該有人會發現「透過雙差距，而且各自差距相同數字，也許就能解開！」

 ……等等，我完全不懂你在說什麼（面無表情）*。

我是富澤。

接下來要迎接最後高潮了，所以我速度減慢一點。
首先我先說明「雙差距，各自又差距相同數字」是什麼意思。舉例來說，這裡有一個算式。

〈差距相同數字的雙差距算式〉
(□+1)×(□+1)=4

這是剛才我們看過的雙差距算式，但這次是各自都加上相同的數字對吧？兩個□都是「+1」。

(□+1)×(□+1)=4
→兩邊都「+1」

---

* 譯注：「等等，完全不懂你在說什麼。」是搞笑組合「三明治人」中富澤岳史常說的名言。

是，沒錯。

 那麼，我們再將（□＋1）視為一個「固定物」，再以◎取代，會變成這樣子：

以◎代替（□＋1）……

$$◎×◎＝4$$

 啊……這個是平方根吧，前面（見 98～101 頁）也學過。

沒錯。兩個◎相乘等於 4，所以◎等於「$\pm\sqrt{4}$」。

也就是說，◎等於「**2**」或是「**－2**」。

接著，再將◎變換為原本的□＋1，算式可改為以下 2 種：

$$◎＝2, -2$$

把◎代回□＋1，

變換之後分別是……

$$\begin{cases} 算式a \quad □＋1＝2 \\ 算式b \quad □＋1＝-2 \end{cases}$$

這樣就能簡單算出答案了吧？算式 a 答案是「1」，等式 b 則是「－3」。**原本是一元二次方程式的算式**，卻在不知不覺間**變成 a、b 這兩個一元一次方程式**了。

咦？奇怪？？？真的耶……（什麼時候變的？）

 像這樣可以變回一元一次方程式的奇蹟變換，必須符合「未知數都加上一樣的數字差距」的條件才能做到，這是最重要的關鍵。
如果是「不同數字差距」則無法做到。

⇨ **試著將算式改為「差距相同數字」吧！**

 但是剛才那個算式只是剛好「加上同樣數字」，所以才解得開吧？不可能所有事情都這麼順利啊！

 不，這一點請反向思考，改成這麼想：
「只要遇到一元二次方程式，都把它變成加上同樣數字差距的算式即可！！！」

 喔————，好厲害！竟然可以這麼做？

 可‧以‧做‧到‧的‧唷。實際來試試看吧。首先，一般的一元二次方程式多為這個形式，並不是以單差距或雙差距的方式呈現。

〈試著將算式改為加上同樣數字差距吧〉

$$□×□＋4×□＋3＝0$$

二次 　　一次　　０次

第 **3** 天

徹底掌握國中數學頂點——一元二次方程式！

117

前面說明過了，「□×□」為二次，「4×□」是一次，而 **+3** 這部分沒有□，因此是 0 次。像這樣，多數一元二次方程式都是混合了二次、一次和 0 次的形式。現在要注意的，只有二次和一次的部分而已。0 次的「+3」現階段可以先暫時忘記。

那麼，現在我們就來將「□×□＋4×□」的部分變換成「加上相同數字差距的算式」。

這裡要注意的，是一次部分的「4」這個數字。
應該會有人想到，只要利用「4」的一半，也就是「2」，就能創造出加上相同數字的差距算式吧？
也就是變換成接近（□+2）×（□+2）的算式吧？

真的嗎（世界上真的有些人和我想得很不一樣呢）。

那麼，我們先試著將（□+2）×（□+2）依分配律展開看看。會變成以下算式：

$$(□+2) \times (□+2)$$

運用分配律的話……

$$= (□+2) \times □ + (□+2) \times 2$$

再運用一次分配律……

$$= □ \times □ + 2 \times □ + 2 \times □ + 4$$

先加總一次的部分……

$$= □ \times □ + 4 \times □ + 4$$

怎麼樣……？兩個算式有什麼不一樣？

哪裡不一樣？

· 原本的算式（第 118 頁）

$$□ \times □ + 4 \times □$$

· $(□+2) \times (□+2)$ 展開後

$$□ \times □ + 4 \times □ + 4$$

 ……「+4」的部分不一樣吧。

 對，所以「+4」很擋路啊～，怎麼辦？把它減掉吧！

……咦，老師從剛才開始好像就有點隨便？

剛才擋路的是「+4」。
這是剛才展開「（□+2）×（□+2）」這個算式時，因為有「2×2」所產生的結果。

$$（□+2）×（□+2）$$
$$（□+2）×□+（□+2）×2$$

↑從這裡出現的！

也就是說，這是源自其中有「4」的一半「2」相乘。將「雙差距且差距相同數字的算式（□+2）×（□+2）」依分配律展開後，一定會出現這個「差距值『2』」的相乘型態，只要把最後多出來的「4」再減掉就會順眼多了。

……等等，請讓我消化一下。

請自便。

（過了 10 分鐘……）

……這樣說的話，也可以這樣舉例嗎？
如果有個一元二次方程式是「□×□+10×□+15＝0」，先把「15」忽略不看，因為 10 的一半為 5，因此就換成（□+5）×（□+5）的形式，再將 5 相乘後的 25 減掉就可以了？

太厲害了！你成功破解了！！

咦，真的嗎……這麼簡單嗎？我還不太敢相信，我可以先實際展開看看嗎？

當然可以！請盡情享受你的感動吧！！

那，那我、我要試試看了！（吞口水）

$$(\square+5)\times(\square+5)-25$$
$$=(\square+5)\times\square+\underline{(\square+5)\times5}-25$$
$$=\square\times\square+5\times\square+\underline{5\times\square+25-25}$$

→ 等於「0」

$$=\square\times\square+10\times\square$$

我解開了啊啊啊啊啊！太感動了───────！！！

對吧！？
這個「讓未知數□加上相同數字」的靈光一閃，就是讓每個人都能輕鬆解開一元二次方程式的最重要關鍵。

因為第 3 行的「5×□」出現 2 次，並且會在最後加總起來，所以我剛剛才會突然想到，如果把「一次方的值（在剛剛的算式裡指『10』）先變成一半」試試看！
嗯～，沒想到，我也可以擁有數學的直覺。

$$(\square+5)\times(\square+5)$$

展開的話……

$$=\square\times\square+5\times\square+5\times\square+25$$

展開後一定會變成 2 倍，
那原本的（　）內的「+5」
不就是這個「10」的一半嗎……？

$$=\square\times\square+\boxed{10\times\square}\quad+25$$

 既然我們都學到這個階段了，差不多該回想起來，當時第 117～118 頁算式中被我們遺忘的「+3」了。
原本的方程式是「$\square\times\square+4\times\square+3=0$」對吧。

因此，我們將「$\square\times\square+4\times\square$」的部分化成加上一樣數字的兩個（），並繼續展開計算：

$$\square\times\square+4\times\square+3=0$$

展開後……

$$(\square+2)\times(\square+2)-4+3=0$$

為了製造加上一樣數字，產生了多餘的「+4」，
而為了消除「+4」則須加入「−4」，整個式子後方變成「−4+3=0」

$$(\square+2)\times(\square+2)-1=0$$

將「−1」移項到等號右邊

$$(\square+2)\times(\square+2)=1$$

只要變成這個形式，就能以平方根解開吧。

兩個相同的數字相乘會等於 1，答案只有「1」和「−1」。

因此：

$$\Box+2= \ 1或\Box+2=-1$$
$$\Box=-1或-3$$

 喔喔喔喔喔！！！！！這麼快速就解開了———！

 我們成功打倒 BOSS「一元二次方程式」了！

➡ **再來設計貓咪的門吧！**

 啊——，太好了……對了，老師！現在不是喝咖啡的時候吧（笑）。我的貓的門呢！

 嗯？啊，差點忘了（笑）。當初因為貓咪問題列出的算式（見 69 頁）是這樣子：

$$\Box\times(2\times\Box+5)=600$$

首先，以「分配律」展開的話……

$$2\times\Box\times\Box+5\times\Box=600$$

這個算式中，跟在二次方□×□旁邊的「2」很擋路對吧？因此我們在等號兩邊分別都除以「2」來消除它。等號兩邊同時加減乘除相同數字，答案不會變，因此我們就盡可能化為好處理的形式吧。這麼一來，算式會變成這樣子：

$$\square \times \square + \frac{5}{2} \times \square = 300$$

請注意一次方的部分，並將其變換成「相差同樣數字的差距算式」。出現了分數，可能比較難理解，但做的事情其實一模一樣。$\frac{5}{2}$ 的一半為 $\frac{5}{4}$，因此（ ）中間是 $\frac{5}{4}$。

〈再來一次！試著製作貓咪的門吧〉

$$\left(\square + \frac{5}{4}\right) \times \left(\square + \frac{5}{4}\right) - \left(\frac{5}{4} \times \frac{5}{4}\right) = 300$$

→將之後出現並擋路的部分先減掉

$$\left(\square + \frac{5}{4}\right) \times \left(\square + \frac{5}{4}\right) - \frac{25}{16} = 300$$

$$\left(\square + \frac{5}{4}\right) \times \left(\square + \frac{5}{4}\right) = 300 + \frac{25}{16}$$

$$\square + \frac{5}{4} = \sqrt{300 + \frac{25}{16}} \ \text{或} -\sqrt{300 + \frac{25}{16}}$$

→移項到等號右邊

$$\square = \sqrt{300 + \frac{25}{16}} - \frac{5}{4} \text{ 或} - \sqrt{300 + \frac{25}{16}} - \frac{5}{4}$$

$$\square = 16.12 \text{ 或} -18.61$$

最後就交給計算機了（笑）。答案應該會有 2 個，不過我們在這裡要算的口是門的寬度，所以可以直接忽略負數答案。
因此，正確答案就是約「16cm」。

很乾脆地解開了呢……
不過太好了，貓咪的門做好了♡

重點 **在這裡！**〈配方法〉

像這樣「加上相同數字」解開一元二次方程式的方式，在數學專有名詞中稱為「配方法」。

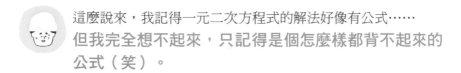

只要了解「配方法」原理，不背「公式解」也 OK！

這麼說來，我記得一元二次方程式的解法好像有公式……
但我完全想不起來，只記得是個怎麼樣都背不起來的公式（笑）。

啊啊，是指「公式解」對吧。
$ax^2 + bx + c = 0$ 的解……

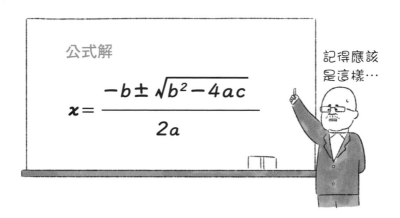

公式解

$$x = \frac{-b \pm \sqrt{b^2 - 4ac}}{2a}$$

記得應該是這樣…

……這個是什麼啊，會不會太混亂了？

不過，因為你已經學會配方法了，所以完全不需要背這個公式囉。

咦……？可以嗎？

說是這樣說，其實剛才計算的過程，整理成一個公式的話，就是這個「公式解」喔。
要直接用公式也是可以啦，但是這個公式很難背，不覺得很容易記錯嗎？
我對自己印象有點不確定時，就會用配方法快速解開題目了。

原來是這樣啊～，太好了～～～！

沒錯沒錯。不過，如果要補充什麼的話，就趁這個機會從「未知數＝□」的觀念畢業，改採更接近數學領域的方式標記吧？
也就是「**把未知數□用 x 取代**」。把 x 寫進算式時，要注意的重點只有以下三項：

重點 在這裡！〈數學標記的規則〉

- 重點 *1*……在數學的世界中，未知數通常會以 x、y、z 來表示。

- 重點 *2*……同樣未知數相乘多次時，若為「$x \times x$」則標記為「x^2」、「$x \times x \times x$」就直接寫作「x^3」。順帶一提，表示面積的單位「cm^2」其實也是因為源自「$cm \times cm$」才標記為「cm^2」的。

- 重點 *3*……數字或（　）前的「乘號」會省略不寫。
  例 $4 \times x \rightarrow 4x$，$4 \times (2-x) \rightarrow 4(2-x)$

 咦……？只有這樣……而已嗎？

 沒錯，只有這些。因此，我們這段時間努力用□表示的算式，可以用這個方式呈現：

〈*before*〉

$2 \times □ \times □ + 5 \times □ + 8 = 0$

 改成 x，馬上就會給人「這個人數學應該很好吧」的感覺

〈*after*〉

$2x^2 + 5x + 8 = 0$

啊,算式中有很多□的時候,看起來實在很煩躁,現在反而清爽多了……。
不過,也瞬間讓人想起數學課呢。

 這個也只能習慣了啊~(笑)。

n 次方程式也用於大數據

我們常將平面的世界稱為二次元、立體世界稱為三次元，但是並不代表一元二次方程式只等於面積，而三次方程式也不只代表體積。

我在本書中也多次提及，平常自己會使用到的頂多到三次方，大多都是二次方。至於大學以後所學的四次方、五次方……甚至 n 次方這些，則讓我有身為數學迷「為了開心而計算」的印象（笑）。

不過，多虧了這些研究 n 次方的人們，消化了大數據的聰明 AI 才得以誕生。舉例來說，若要分析「40 多歲」、「男‧女」、「已婚‧未婚」、「是否有小孩」等資訊，就必須以高次數次方來處理。

另外，要推薦商品時，也更須提升「媒合潛在顧客」的精準度。只要增加越多包括「興趣」、「購物記錄」、「出身地區」、「年收入」、「家庭成員」等數據，就更能提高解析時的精確程度。

而可以做到這些的，正是 n 個相關變數（n 次方是其中一種）的計算。

LESSON

第**5**小時

第**3**天

用「因式分解」解開
一元二次方程式

因式分解大量出現在國中數學中,其實如果掌握因式分解的核心概念,就能活用到數學以外的領域中,更快速地解決問題吧。

> ### 現實生活中不常見的
> ### 「以因式分解解開的一元二次方程式」

 再來呢,國中數學程度的代數還會學到因式分解吧,像是「用因式分解解開這個一元二次方程式」等,只是……。

 只是?什麼呢?

 這個只會用在考試上而已。確實,因式分解能夠輕鬆解開題目,但可運用的領域卻非常受限。
最強的方式就是加上相同數字的「配方法」(見 110-125 頁)了,因此這部分也可以跳過不看。不過,我還是快速帶過吧。

首先從簡單的問題開始:

$$\triangle \times \square = 0$$

這個△和□的值,你會想像到什麼呢?

這個嘛⋯⋯有其中一個是 0，對吧。

沒有錯。因為有「0 乘以任何數字都是 0」這個黃金規則存在。但也有可能兩個未知數都是 0。不過我想這個很快就能看出來了。

然而，如果等號右邊變成 1 時，雖然算式看起來一樣簡單，但卻不知道答案了。

不管是「1×1」、「$2 \times \frac{1}{2}$」還是「$3 \times \frac{1}{3}$」，答案都會是「1」。

可能性就會變成無限大。

因此，重點就在於等號右邊為「0」。

因式分解可以解開的一元二次方程式，就只有在**像這樣「某數與某數相乘，等號右邊為 0」的時候才能使用。**

什麼～～～。

雖然我說的是「某數與某數相乘」，但我們現在要解的是一元二次方程式對吧。

一元二次方程式中，你想像得出什麼樣的算式，才能夠變換成像「$\triangle \times \square$」這麼單純的相乘算式嗎？

不，完全無法。（果斷）

啊，那個～剛剛我們才算過⋯⋯。

啊啊！單差距和雙差距。

沒有錯（嚇死我了）。就是像（x+1）×（x-2）這種形式。
順帶一提，同為（　）相乘時，中間的「×」可以省略，但為
了方便理解，我先留下來。
那麼，如果（x+1）×（x-2）=0 的話，

$$\underline{(x+1)}_{a} \times \underline{(x-2)}_{b} = 0$$

→ a、b 其中一個為 0。

也就是說，

$$x+1=0$$

或是

$$x-2=0$$

這就只是單純的一元一次方程式，可以導出 x=-1 或是 x=2
的答案。而這是一元二次方程式，故也一樣有 2 種答案。

是的……。等等，這是在說什麼？

喂（笑）。我是在說，如果有像是（x+1）×（x-2）=0 這
種算式出現時，就不用像平方根或公式解那樣需要複雜的計
算，一口氣就能變換成一元一次方程式，超簡單的！

不過會出現這種算式的機會很少吧。

像是計算面積時，就不會出現「長×寬＝0」的情況。這樣不會覺得「**面積 0 是什麼東西啊**」嗎？（笑）

不過，也不是完全不會遇到，如果在解開一元二次方程式時，發現「啊，這個可以用因式分解來解！」就很幸運了。**即使不用背公式解，也能輕鬆解開。**

 嗯。
不過，一元二次方程式的題目有很多像 $ax^2+bx+c=0$ 的形式吧。這個也得特地變換成雙差距的樣子，並確認等號右邊會不會等於 0 嗎？

 就是這樣。這就是重點所在。因此剛才說明的只是導入的部分而已，接下來才會進入正題。不過也是一瞬間就可以結束了。我們先試著展開（x＋1）×（x－2）這個算式吧。

 將（x＋1）看成一個固定物再分配，對吧？

 這樣也可以，但為了節省寫字的力氣，在這裡我就教你用更方便的定理「多項式相乘」吧。

> **重點** **在這裡！**〈多項式相乘〉
>
> $$(a+b) \times (c+d)$$
> $$=a \times c + a \times d + b \times c + b \times d$$

啊啊，印象中這個以前好像也算過……（遠目）。

 這個忘了也沒關係（笑）。
把這個（a＋b）看成一個「固定物」努力計算，最後也會變成這個形式，因此沒有必要去背。我實際展開看看喔。

$$(x+1)\times(x-2)=0$$
$$x^2-2x+x-2=0$$
$$x^2-x-2=0$$

那麼，看到這樣的一元二次方程式時，要分辨「這麼能不能透過因式分解來解題？」的方式，則是要解開「有沒有相乘後會等於－2，相加後會等於－1的組合方式？」這個迷你問題。像這個樣子……。

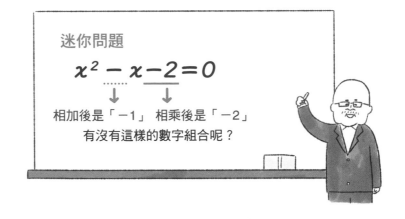

在這裡為了方便說明，若用 $x^2+ax+b=0$ 這個算式來看，迷你問題會變成「相乘後等於 b，相加後等於 a 的數字組合是什麼？」這個樣子。

 ……為什麼是這種組合呢？

 就是說呢，這裡請先回想起剛才的多項式相乘，算式是這個樣子的。

重點 **在這裡！〈多項式相乘〉**

$$(a+b) \times (c+d)$$
$$=a \times c + a \times d + b \times c + b \times d$$

剛才學的是雙差距的一元二次方程式，因此這裡的 a 和 c 就等於 x。而（a＋b）×（c＋d）的算式，就等於是（x＋b）×（x＋d）。

$(x+b) \times (x+d)$

展開的話……

$x^2+bx+dx+bd$

將一次方的 x 先加總起來……

$x^2+(b+d)x+bd$

→一次方為相加　→0 次方為相乘

會變成這樣。

0 次方是相乘，一次方是相加對吧，要找出這樣的組合。

 沒錯沒錯，必須要找出這個 b 和 d 的組合。那麼，我們隨機試試看吧。

〈可以用因式分解解開嗎？〉
$$x^2+6x-4=0$$

這個一元二次方程式可以用因式分解解開嗎……，算式是我隨便寫出來的，我也不知道結論。要找出答案的重點，就在於先確認 0 次方的數值。
以這個算式來說是「−4」對吧，因此就先寫出相乘後會等於−4 的組合。

〈相乘以後會等於「−4」的組合是？〉
1 和 −4　　　−1 和 4
2 和 −2　　　−2 和 2

 這個就只能想了嗎？

 很遺憾地，沒錯。也就是所謂的找出因數（※可整除某個數字的整數），並加上正負數思考的流程。
這只能用「腦力激盪」和實際相除試試看了。

另外，如果想到了 1、−4 這個組合，那就能忽略−4 和 1 的這個組合嗎？

可以忽略前後順序無妨。因為（x＋1）×（x−4）和（z−4）×（z＋1）是一樣的。接下來，我們要試試看這些數字中，哪一組相加後會等於「6」。

〈相加後等於「6」的組合是？〉

1和−4　　　−1和4

2和−2　　　−2和2

這之中並沒有正確答案。也就是說，我們可得知這一題**沒有辦法用因式分解來計算**。

只能用「差距相同數字」的方式計算嗎？

只能想著「今天運氣真差～」，一邊用「差距相同數字」（配方法）慢慢解開了。

那麼，接下來這個呢？

〈可以用因式分解解開嗎？〉

$x^2 − 5x + 4 = 0$

嗯，相乘以後會等於 4 的組合……

〈相乘後答案等於「4」的組合？〉

1和4　　　−1和−4

2和2　　　−2和−2

這之中加起來等於−5的……就是「−1和−4」這一組了呢。

〈相加後等於「−5」的組合？〉

1和4　　　−1和−4

　　　　　　→相加後等於「−5」！

2和2　　　−2和−2

正確答案。也就是說可以變成這樣的雙差距算式，像是這樣

$$(x-1)\times(x-4)=0$$

可以用因式分解解開……！

沒有錯。代表等號左邊的（x−1）和（x−4）其中一組會等於
0……

$$x-1=0$$
$$或\ x-4=0$$
也就是說，
$$x=1\ 或\ 4$$

像這樣，變成超簡單的一元一次方程式，就能算出答案。
我再重複一次，重點就是以下兩個。

①首先注意 0 次方的數字，並思考有哪些因數組合。
②想出組合後，確認其相加後的答案，會不會等於一次方的 x
前面的數值。

 那麼，實際上不用像剛才那樣全部列出來也沒關係嗎？

 尚未習慣時可以列出來，但如果過於複雜的組合，也不會出現
在題目上。尤其數字基本上也都只有整數，加上如果真的找不
出組合，都還有最強的道具「配方法」可以解開題目。

 這如果在考試中，會以什麼樣的形式出題呢？

 較常見「請用因式分解解開這個一元二次方程式」這樣的題
目。

 這樣不就是直接擺明「這一題可以用因式分解唷♡」
了嗎？

這完全就是讓你直接計算的題目。 對出題老師來說也很輕鬆，其實就是先把（x＋a）×（x＋b）＝0 算式中的 a 和 b 填入適當數字，再將算式展開，變成題目。

 啊啊，題目是這樣設計的啊……。
還有，像是 x（x＋a）＝0 這種單差距的題目怎麼辦？

 沒錯沒錯！
這個算式的形式也是△×□＝0，因此可以用因式分解解開，但解開單差距的算式後，卻沒有能夠辨識的 0 次方數字存在。實際展開後會變成 $x^2 + ax = 0$，因此看到沒有 0 次的一元二次方程式時，就不必用 0 次的數字去推算，就等於「啊，好幸運！可以用因式分解 x＝0 或 x＋a＝0」來解了！」
當然，答案就是 x＝「0」或「－a」。

 這個很好看出來。

➡ 複習打倒大魔王「一元二次方程式」的三種方法

 ……就是這個樣子，**我們已經用最短路徑，解開國中數學中最困難、也最重要的一元二次方程式了。**

 什麼啊，很乾脆地結束了呢。

 因為這是最短路徑。最後作為複習，我再一次介紹至今可以解開一元二次方程式的方法吧。也就是以下三種。

> **重點** 在這裡！〈一元二次方程式的解法〉
>
> ①利用平方根→可應用於 $x^2=a$ 這種單純算式。
> ②利用因式分解→現實生活中很少出現完美適合應用的情況。
> ③利用配方法→可應用於任一種一元二次方程式。而利用此方法變化而成的公式則為「公式解」。

在這裡最重要的，就是只要利用配方法，就能解開任一種一元二次方程式。

就算到了下禮拜，已經忘記公式解也能算出答案。只要記得利用「差距相同數字」就 OK 了。

這個……就是將一個值分成一半，並分別將未知數加上一樣數值，再減掉該數值的平方，這樣對吧？

為了讓我回想起來，我再試著做一次……

〈複習配方法！〉

$x^2+\boxed{4}x+3=0$

↓ 分成一半 ↓

$(x+2)\times(x+2)-4+3=0$

→減掉2的平方

$(x+2)\times(x+2)-1=0$

→移項到等號右邊

$(x+2)\times(x+2)=1$

→相乘後會等於「1」的是「1」或「−1」

變換成這個形式以後就能用平方根解開……

$$x+2=1 \quad 或$$
$$x+2=-1$$

也就是說，

$$x=-1或-3$$

第二次也成功了……！！！！！

 沒有錯。接下來，如果出現像「$3x^2$」這樣，未知數的二次方前方還乘上其他數字時，請別忘記先解決掉這個「3」。

 是這樣沒錯呢！

 最簡單的就是像 $x^2=3$ 這種形式，這也是很不錯的一元二次方程式。

 這就是用方法①「平方根」去解開吧。
只要將「3」開根號就行了。

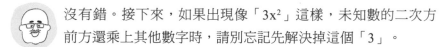 沒有錯，**運用平方根的話，只要一瞬間就能解開了。**
第二簡單的就是剛才學過的方法②，也就是因式分解。
像是（$x+a$）×（$x+b$）=0 這種雙差距或單差距的算式等於
0 時可以使用。不過，在確認是否能變換成這種算式時，可是
有一點小訣竅的。

這麼說來，在解開一元二次方程式時，首先先確認是否能用平方根解題，接下來確認可否透過因式分解解開，真的無法時再祭出最後的道具「差距相同數字」（配方法）來解題！

不過還是寄託在「雖然好像沒有辦法，但還是確認看看因式分解好了」的這個小小心願上吧（笑）。

簡直像是挑戰自己運氣一樣。

這真的要靠運氣呢。我鑽研現實生活中會用到的數學有三十年時間，每天都會用到一元二次方程式，但可以用因式分解解開的一元二次方程式，這三十年來僅僅只遇過三次而已。

三十年只有三次！！！

我的人生一直都沒有中獎呢（笑）。
但總之不管是在明天開始會教到的分析、幾何，還是高中以後的數學，都會相當頻繁使用到一元二次方程式。
我至今也很常運用哦！
一元二次方程式就是國中代數的最高峰，也就是終點。就算忘了因式分解的解法，只要記得配方法就可以了！

好的，包在我身上！我都解開兩次了！！（興奮）

因式分解也會用在電影製作上

　　因式分解代表的是「取出共通項目」之意。

　　舉例來說，像是「3x＋6」這個算式中，可用「3」這個共同項目轉換成「3（x＋2）」這個算式。

　　看到一個算式時，會思考「這個算式是由什麼乘以什麼所構成的？」的想法就是因式分解。

　　雖然我說過因式分解在數學中不常用到，但這個概念本身卻能有效活用於實際生活中。

　　我曾在和北野武對談時，聽他提到：「我們很喜歡數學。尤其是國中學過的因式分解，在電影製作上非常有用。」

　　電影必須拍攝多個場景，每拍一個場景都要移動攝影小組，例如道具組要架設佈景、照明組要設定燈光，這麼一來會花上不少錢。

　　北野武為了讓拍攝更有效率，一旦劇本完成後，就因式分解（挑選）出同樣的外景地，或是同樣設定的場景，一次拍攝完畢。例如電影中若會出現五次在餐桌上對話的場景，只要拍攝完一個場景，演員換一套衣服，就能再拍另一個場景，非常合情合理呢。

好書出版・精銳盡出

台灣廣廈國際出版集團
Taiwan Mansion International Group
BOOK GUIDE

2024 財經語言・夏季號 01

知・識・力・量・大

＊書籍定價以書本封底條碼為準

地址：中和區中山路2段359巷7號2樓
電話：02-2225-5777*310；105
傳真：02-2225-8052
E-mail：TaiwanMansion@booknews.com.tw
總代理：知遠文化事業有限公司
郵政劃撥：18788328
戶名：台灣廣廈有聲圖書有限公司

生成式 AI 一本搞定

NEW

最強 AI 工具整合運用手冊，讓你憑空多出十雙手，從研發到行銷一人搞定

從自動生成工作報告到虛擬人、數位人製作 生成式 AI 工具整合運用手冊

自從 ChatGPT 上市以來，生成式 AI 工具便吸引了大眾的眼光，而其如雨後春筍般冒出一堆，你要如何選擇、如何運用？它們各自有什麼強項？你想逐一去試用？逐一去分析？……其實不用那麼麻煩，本書作者 GoGo 試過所有的 AI 工具後，從操作到特色，一次告訴你。

本書完整的介紹不同功能面的 AI 工具，包括利用 AI 自行產生有意義的：文字、圖形、語音及影像，讓上班族的產出十倍速提升。

作者／謝孟諺（Mr.GoGo） 定價／399元

一口氣看懂世界金融關鍵指標 成為投資大贏家

NEW

STEP BY STEP 由權威單位下載歷史資料，讓你對全球景氣動向產生直覺反應。

你的提款卡密碼你會告訴祕書？理財顧問？或是自己掌握？

影響全球投資的關鍵密碼，你怎麼可以只聽媒體、網紅的意見，而不自己進行分析、收集？

台灣是小型的開放經濟體，台灣的經濟發展受全球經濟走向影響，而美國又是引領全球經濟的主要力量（其實是最重要的力量）。因此，你只要能掌握美國的經濟走勢，就對事業的經營、投資，產生極大的幫助。至少你不會後知後覺。明明景氣要衰退了，還感覺良好，成為最後一隻老鼠。

作者／廖仁傑 定價／499元

第

4

天

快速理解國中數學的「函數」！

Nishinari
LABO

一次函數、二次函數到底是什麼……？

在數學三大領域中，「分析*」領域在國中時期必學的部分就是函數了，並且要能看懂、描繪出其圖形。首先，我們就先從一次函數慢慢開始吧。

⇨ 先搞懂函數，才可能了解微積分的奧義

哎呀～，上一回合我們真是華麗地擊敗最強魔王「一元二次方程式」了呢（奸笑）。可以結束了吧？

我們還是先把數學中「分析」和「幾何」的魔王都打敗吧！必須要鍛鍊我們的思考體力呀。
這次我們就快速完成「分析」的部分吧。這在國中數學稱作**「函數」，但我們上次已經抵達國中數學的頂點「一元二次方程式」，剩下的課程應該會覺得很簡單喔。**

老師你這麼說讓我覺得輕鬆不少。只是，我就連「分析」、「函數」這些詞本身都搞不懂……。

確實，這些並不是常見的用語呢。那麼，「分析」的英文「analysis」應該有聽過吧？

---

* 「分析」在台灣的國高中課程主要是學習將函數畫在坐標平面上，與分析這個函數的性質。

啊啊，偶爾會在商業用語中看到。

 只是啊……成為數學家後，聽到商務人士用「analysis」這個詞，總覺得有點奇妙。

 ……？怎麼說呢？

 對數學家來說，分析基本上等於「使用微積分」這件事。如果商務人士收集了各種數據，並做出如「是否有這種傾向呢？」的推測，這並不是分析，「只是單純設定假說」罷了。

 咦，這樣啊……

 而初學微積分的是高中生，但貿然前進到這個程度就太辛苦了，因此國中程度的分析，則是以入門方式學習 次函數（直線）與二次函數（拋物線）。也就是說，**國中學習的分析真的只有「一瞬間」就結束了**。

⇨ 試著用圖形呈現暴飲暴食的體重變化

 那麼我們從一次函數開始吧。所謂函數，**其最大特色就是要寫算式，也要能畫出圖形**。現在就來畫畫一次函數的圖形吧。

在這裡我們就用「每天暴飲暴食的話，體重會如何增加？」當作假設計算。**先將持續暴飲暴食的天數設定為 x 天，體重設定為 y kg**。

嚼嚼嚼～

這裡也是將未知數設為 x 吧。

沒錯。考量天數和體重的關係，大致上可以想像出「持續暴飲暴食的天數越久，就會越胖」對吧。
接著要用圖形呈現出這個關係，**隨著天數增加，體重也會增加，因此線條會朝右邊升高吧**？

啊，確實如此。

像這樣圖形為直線時，是最單純的「關係」，也稱作一次函數。因此，可以這樣說：「體重和天數為一次函數的關係。」
實際上可能不會依照一定的比例，每天增加 2kg，但我們先將情況假設得單純一點會比較好理解。

是這樣沒錯，畢竟體重增加方式因人而異。

沒有錯。這就是現在的重點。例如平常每天都有運動的人，因為身體會額外消耗熱量，體重增加的程度也許沒有像吃進去的熱量那麼多。

相反的，完全沒在運動的人，其體重增加的速度可能比較快。

而一次函數中最重要的，則是斜率。
以這個例子來說，就是「**體重增加的速度有多快？**」

原來如此～。但是要怎麼知道呢？

只要收集資料就行了。
例如一開始為 60kg，隔天量體重發現是 62kg，而兩天後則變成 64kg。

一天增加 2kg……。

沒錯，這就是斜率。

那個……，我聽到「斜率」兩個字，無法有清楚的想像，有沒有更具體的表現方式呢？

也可以說是「速率」或是「變化率」。
以今天的題目來說，就是「每天體重變化的速率」。
而慢跑時所指的速率，則是將「跑步距離」除以「所需時間」即可計算出來。

這樣啊。這麼說來，這也可以說是「速度」吧。

沒錯沒錯。就和速度一樣，只要將「**增加的體重**」除以「**所需時間**」就能得知「**速率**」。像這個題目就是 2kg÷1 天，因此可算出 $\dfrac{2\text{kg}}{1\text{ 日}}$（1 天增加 2kg 的速率）。

原來如此。那麼如果每 2 天測量一次體重的話……。

如果 2 天增加了 4kg，那速率則是 4kg÷2 天＝$\dfrac{2\text{kg}}{1\text{ 日}}$，答案是一樣的。

這樣啊～～～。

只要收集資料後，注意到「喔，增加的速度很一致！」**就能立刻想像出 3 天後的體重了吧**……？

1 天增加 2kg 的話，3 天就增加了 6kg。
這樣再加上原本的體重 60kg，就是 66kg！！

就是這樣！這樣就結束國一的函數了（笑）。**只要將天數設為 x，而 x 天後的體重 y 則可用算式「y＝2x＋60」表示。**畫成圖形大概是這種感覺，會呈現斜線。

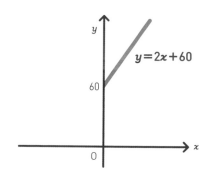

而這條斜線為什麼畫得比 x 軸還高，你知道嗎？

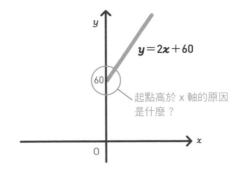

$y = 2x + 60$

60

起點高於 x 軸的原因
是什麼？

這個⋯⋯因為原本體重不是 0kg 的關係嗎？因為體重一開始是 60kg？

沒錯沒錯，你知道呢～。第一天，也就是 x 的值等於 0 天時，y 值為 60kg，因此圖形（在這裡是一條直線）會從 x＝0，y＝60 開始描繪。

⇨ 你知道方程式和函數的差異嗎？

嗯⋯⋯。

不過，像一元二次方程式的話，「未知數＝x」這種設定只會出現一個，但是這次是 y＝2x＋60，多了一個 y。
這部分我不太理解，所以有點混亂。

喔，這真是個好問題呢！
這和「函數和方程式的差異」有所關聯，非常重要。

唔唔……方程式和函數的差異我也完全不懂。

方程式是代數，函數則是分析，完全不一樣喔。不過，我想就連學校老師也不會仔細說明，你會不懂也是可以理解的。

首先，方程式的目的就是找出在「特定條件」下，x 的數值對吧？

嗯……（汗）。特定的條件是什麼意思？

列出一個「顯示關聯性的算式」，並「已知 x 以外的數字」的時候。

例如 $x^2 + 3x + 4 = 0$ 這個算式，就可看出 x 的關係，也看得出 x 以外的數字吧？

還有就是只要知道方法，接著計算就能解開算式了。

是的。

而函數則是為了「顯示關聯性的算式本身」。

像這次以體重和天數的因果關係，列出 $y = 2x + 60$ 這個算式。這就是函數，而不是方程式。

表現出關係本身的就是函數……。

如果想知道 3 天後的體重，只要將天數 x 代入 3，就能計算出體重 y。此外，想知道幾天後可以達到體重 70kg，則將體重 y 代入 70，即可算出天數 x 的答案。

只有在出現特定天數或體重（例如 3 天後或 70kg 等）時，原本用來顯示關聯性的函數才會變成方程式。

啊！真的呢。如果 x 或 y 其中一個可代入特定數字時，整個算式中的未知數就變成 1 個，也就形成方程式了。

「函數」在特定條件下計算數值時，就會用到「方程式」。
只要用尺等工具，直接測量函數圖形，當然也可得知「大概的」數值，不過若想知道確切數字，就必須倚靠方程式了。

重點 在這裡！〈方程式和函數的差異〉

①方程式→在特定條件下解開 x（未知數）
②函數→表示出關聯性（有特定條件時則變成方程式）

⇨ 函數圖形表示的就是「變化」

若用視覺角度來說明，則可說函數是用於表現「線」時，方程式則用來呈現「點」。

例如今天的題目中，1 天後會變成 62kg、2 天後變成 64kg，分別是座標位於 $x=1$，$y=62$ 的點，以及 $x=2$，$y=64$ 的點。

如果收集了 100 天左右的數據，並在圖形上畫出這麼多點的話……，這個圖形看起來是否會像是一條線呢？？

原來是這樣……。
收集各個點後連成一線的感覺。

這個感覺很重要。
函數畫在紙上時，必須畫成一條線，但仔細看的話其實可把它看成是點的集合體。

如果用顯微鏡放大直線的話，就能看到一個個點……。

這就是分析最基本的思考邏輯。更進一步說的話，**函數的線條也可看成是斜率的集合體。**

咦？（這個人現在在說什麼……）

你露出了「這個人在說什麼」的表情（笑）。但是這個是**高中微積分的重要觀念**，請先存放在腦中一角。

分析所呈現的印象，**就是要「分析」一個點周圍和其他點的密集程度，以及點與點之間以何種狀態排列等。**

舉例來說，二次函數以後，圖形就變成了曲線，但曲線不像直線，並沒有一定的傾斜方向。

啊啊，這樣的話以速度來說就是可能時快時慢……。

沒錯，或者直接停下來。

像這種曲線若要用正確算式來表現，就只能觀察一個一個點了。必須盡可能地找出連續性的曲線變化。而微積分就是由此而生的。

而現實生活中特別重要的是，必須觀察出「如何變化？」等現象，並以函數來表現。

為什麼呢？

不這樣就難以運用了。

例如獲得了「x 等於 1 時，y 等於 3」的數據，但只有這樣是無法運用的。因為**無法確知 x 等於 2 時，y 是不是也會變成 2 倍，就無法妥善活用**。

因此，如果想知道「x 等於其他數值時，y 是多少」，就必須收集到更多數據，仔細觀察「有什麼變化？」才能設計出算式。

也就是說，列出算式是相當重要的吧。

沒錯沒錯。
實際上，我平常工作中也會以大量數據為基礎，畫出許多圖形，並同時摸索，思考函數算式「是否是這樣呢？」

真讓人意外！這方法不太聰明呢～。

非常土法煉鋼啊。
對了，剛才提及的函數傾斜程度，在高中稱作「微分係數」。

呃……又出現這麼難的用語。
老師，你該不會是在炫耀吧……？

不不，才不是（尷尬）。
我只是想要讓你知道，之後聽到像「微分係數」這樣的詞，不用感到害怕罷了。雖然這個名詞聽起來很艱深，**但就和「斜率」的概念相同，指的都是「該線條的變化幅度」。**
而國中階段並未學到微積分，因此只會用「斜率」這一類的詞彙帶過。

當紅學問！數據科學家必學的「統計・機率」

　　之前我也提過數學可分成代數（數字與算式）、分析（函數、微積分）、幾何（圖形）等三大領域，但其實還有被分類至「其他」領域的「機率和統計」。

　　本書之所以未多作說明，是因為在國中階段只會教授相當簡單的內容，無法成為大魔王角色，而基礎知識只要在網路上查一查就很足夠了。

　　機率和統計中包含了許多「分析」（數據和統計分析領域）的知識，剩下的則屬於「代數」範圍。

　　而數學界中，將「微積分」視為分析的頂點，代數的頂點則為「整數論」，因此現階段的確只有少數人以研究「統計」為主。

　　統計在數學界中往往只是「順帶一提」的角色，但隨著 AI 和大數據的廣泛應用，數據科學家也逐漸受到重視，因此在一般社會中，這也可說是現今「最當紅的學問」了。

　　數學界和教科書一樣，也會持續變化的呢。

歡迎來到二次函數的世界

一次函數中，「如何變化」的速率較為一致且單純，但二次函數開始變得有點複雜，也更適用於現實生活中。立刻來看看吧！

⇨ 100 年後會得到多少錢？來計算投資的利息

 接下來要說明的則是二次函數，一口氣就到了國三的範圍。其表現方式，在國中階段通常都稱為「拋物線」。

這次以錢做為比喻吧。

假設有一項投資，1 年後會增加 2 萬元、2 年後本金增加 8 萬元、3 年後本金則會增加 18 萬元。「幾年後才會增加 100 萬元？」「10 年後可以增加多少呢？」是不是會想計算看看呢？

 當然會！

 就是說呢（笑）。那麼該怎麼做呢？

現實生活中，數學可做到的最重要事情就是思考關聯性對吧。因此這部分就再加把勁，想想看「增加金額與年數間有什麼關係？」吧。

這個……那麼，我可以先畫出三個點嗎？

當然可以。那麼，先大致上將點連成線吧。

奇怪……？雖然看起來很順，但不畫成曲線就連不起來……。

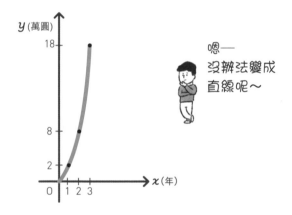

沒錯。為什麼會彎曲呢？

因為「增加的比例」並不一致嗎……？（戰戰兢兢）

正確答案！這是非常重要的關鍵，也就是「函數只要包含了乘法，就一定會變成曲線」的性質。
而這也是很大的提示。
相對的，若不包含乘法的話一定會是直線，也就是一次函數。

咦?但是剛才應該也計算過斜率與 x 相乘⋯⋯。

 喔,抱歉,我應該改口為:「**只要包括未知數的相乘,就一定會變成曲線。**」並非 2x,而是 x^2 的意思。

重點 在這裡!〈一次函數和二次函數的差異〉

一次函數→不包含未知數的相乘
例:$y=2x$,$y=-2x+30$
二次函數→包含未知數的相乘
例:$y=2x^2$,$y=-2x^2+3$

 原來如此⋯⋯。1 年後 2 萬、2 年後 8 萬、3 年後 18 萬⋯⋯沒錯沒錯!我透過這個提示終於懂了。y 等於「年數的平方再乘以 2」!!

 太棒了!將年數設為 x 年,增加的金額為 y 圓的話,算式就會變成「$y=2x^2$」。
訣竅是先利用單純的相乘,找出大概趨勢。以這個題目來說,能否注意到「和年數×年數有沒有關係?」就是最大關鍵。
若以此為假設,再來看 1 年後「1×1」和 2 萬的關係、2 年後「2×2」和 8 萬的關係,以及 3 年後「3×3」和 18 萬的關係,應該就會頓悟「啊,是不是以年數平方再乘以 2」。

 呵呵呵⋯⋯**算錢的話我就有幹勁了!**

既然算式已經列出來了，接下來就找出「幾年後才會增加 100 萬」吧。以剛才的算式來說，y 為增加的額度，因此代入 100，可得到「$100 = 2x^2$」的一元二次方程式。接下來只要解開這個方程式就行了。來試試看吧！

$$100 = 2x^2$$
$$50 = x^2$$

x 為 $\pm\sqrt{50}$，這裡只會有正數

（因為 x 為年數，不可能是負數），故

$$x = \sqrt{50}$$

已經解開了吧……？
這就是數學角度的解答。不過，實際生活中看到平方根實在有點困擾，先來想看看 $\sqrt{50}$ 大概等於多少吧。

這個……約 7？？

沒有錯。因為 $7 \times 7 = 49$，也可得知答案為大約 7 年後。
好，我們已經結束國中的函數了。

……咦？結束了嗎？**就這樣？？**

實際上也大概就這樣而已。

……真的只有一瞬間，實在很令人訝異。不過，一開始列出算式時幾乎都靠直覺吧～。

沒錯，而且生活中的數字並沒有這麼簡單的。

就算是國中數學的函數，$y = ax^2$ 也都算是二次函數中最簡單的，只要稍微動點頭腦就能列出算式。我們看到一些數據時，也會有「奇怪？這個怎麼不太像二次函數？再努力找出規則吧……」，持續做這樣的事。

嗯～，這過程比想像中的還更粗糙呢。

➡ 複雜的曲線也能用二次函數表現

在這裡所顯示的**二次函數曲線**，也就是**拋物線**，是世界上最簡單的曲線。畢竟其**呈 U 字型，只有一個，且左右對稱**。

若算式中包含了 x^3，形成三次曲線時，U 字型的圓弧處會變成 2 個，並呈現出像 N 字一般的彎曲，而到了四次函數則會出現 3 個圓弧處。

二次　　　　　　　三次　　　　　　　四次

不可思議的是，**生活中大部分的事物都接近於二次函數**。

「接近於」……？？

也就是說，**乍看之下再複雜的曲線，只看小範圍的話，幾乎都可用二次函數呈現出其斜率。**

我現在就隨意畫一條複雜曲線看看。

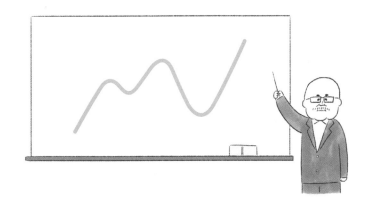

這個以外觀來說是三次函數或四次函數，甚至也可變成十次函數。但只要細分這條曲線，就能用較低的次方，也就是一次或二次函數來表現。

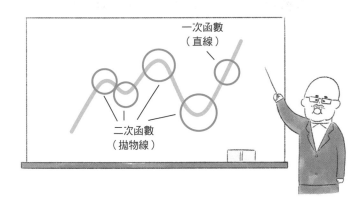

一次函數
（直線）

二次函數
（拋物線）

 什麼───（×3）！

 就算是三次函數，只要分解開來也可用二次函數來表現，**分得更細的話，甚至還可以畫出一次函數。**

也就是說這些是非常短的直線聚集而成的呢。

沒錯沒錯。像這樣在曲線中找出更低次方的函數，稱為「泰勒級數」，屬於大學一年級會學到的範圍。

以剛才的例子來說，進行證券公司的財務分析時要預測一年後的市場非常困難，但將時間軸劃分得更細一些，例如「5 分鐘後的未來」時，就很容易預測對吧？

正如你所說！1 分鐘後的未來也許用二次函數就能預測，1 秒後說不定一次函數就可算出來。只要分析的時間範圍越短，次方也會持續下降，變成以國中數學就可以解開的程度。

⇨ 偷偷學會高中才會教授的二次函數吧！

還有，剛才算過的一元二次方程式若像「$ax^2 + bx + c$」這樣，混合了二次方、一次方和 0 次方對吧。不過，國中課程中不會教到這種方程式，如果要用二次函數表現時，會成為怎麼樣的曲線嗎？

不知道為什麼，不會教到呢。這已經是高中數學的範圍了。

這樣很不上不下呢，代數至少把一元二次方程式全部學完了。

就是說呢。

其實國中所教的 $y = ax^2$ 這種二次函數，全部都可以透過開根號來解開。

畢竟這是一元二次方程式中最簡單的解法。

沒錯沒錯。明明都學過配方法，可以解開所有一元二次方程式了，真是可惜。

那，可以大致教我嗎？

可以啊～，看你這麼有熱忱。那麼，來試試看吧！

若算式為 $y = ax^2 + bx + c$，先從最簡單的部分開始吧。

就從 a 開始看起。「ax^2」的 a 若為負數，則 U 字曲線開口會朝下。這是其中一個特色。

請記得，若曲線呈現中間有如山谷（U 字）的形狀的話，a 為正數；呈現中間有如山峰（倒 U 字）的形狀，則 a 為負數。

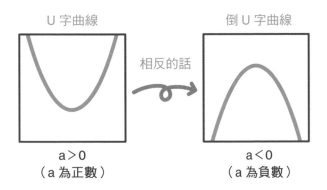

U 字曲線　　　　　　　　　倒 U 字曲線

相反的話

a > 0
（a 為正數）

a < 0
（a 為負數）

若只看曲線的右半側，則請想像：a 為正數時，曲線會持續上升；a 若為負數，曲線則會持續下降。

這樣想的話就很好理解了！

 接下來是 $y = ax^2 + bx + c$ 中的 c，也就是**並未與 x 相乘的 0 次方數字**。這個數字會決定曲線的上下位置。若 $\mathbf{y = 2x^2 + 1}$，則會如下圖般，$y = 2x^2$ 的圖會向上移動 1。因為不管 x 的值為多少，y 的值一定會加上 1。這和一次函數的原理相同。

▶二次函數的
上下移動

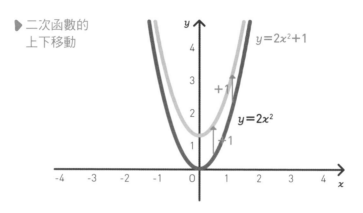

$y = 2x^2 + 1$

$y = 2x^2$

重點 在這裡！〈二次函數圖形 ①〉

① ax^2 的 **a** 若為正數，圖則呈現山谷（**U** 字）狀；若為負數，則呈現山峰（倒 **U** 字）狀。

② $y = ax^2 + bx + c$ 的 **c**（**0** 次方的數字），決定曲線的上下位置。

 那麼，曲線的左右移動又會發生在什麼情況呢？

 這就先從結論說起吧。若想將 $y = 3x^2$ 的曲線向左移動 1，就將算式變成 $\mathbf{y = 3(x+1)^2}$ 即可。

 原本是 x 的部分變成了（x＋1）……。

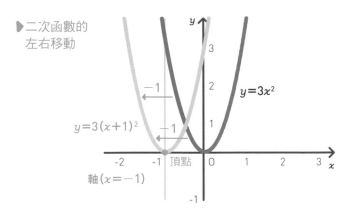

▶二次函數的
　左右移動

$y=3x^2$

$y=3(x+1)^2$

軸$(x=-1)$

頂點

沒錯。不管 x 的值為何，計算時都須加上 1，曲線本身便會預先向左移動至少 1 單位。

這道理在 $y=ax^2+bx+c$ 的二次函數中也相同，若這個函數向右移動 5 個單位，算式則會變成 $y=a(x-5)^2+b(x-5)+c$ x 一開始便移動 5 個單位，則以「向右移動 5 單位」來表現。

到這邊為止還理解嗎……？

〈易混淆關鍵〉

若想向左移動時，（　）須為正數；欲向右移動，則（　）內須為負數。

向左
移動 1

x

向右
移動 1

(x+1)
變成正數

(x-1)
變成負數

〈向右移動 5 單位時，算式會變成？〉

$$y=ax^2+bx+c$$

↓向右移動 5 單位時……

$$y=a(x-5)^2+b(x-5)+c$$

嗯……總覺得……。

剛才說的是以 $y=2(x-5)^2+b(x-5)+c$ 這個算式來表現，因此可以看得出曲線移動了 5 個單位吧？

當然。一般的二次函數算式並不會如此容易辨識。因此只要變換成 $y=ax^2+bx+c$ 這樣的形式即可。

知道這邊要運用什麼技巧嗎？**提示為利用配方法的形式。**

難不成是……「差距相同數字」？

正確答案！**這裡可以運用到配方法。**

上下移動這麼簡單，左右移動卻突然變得好難啊……。

只是稍微困難而已，我在此說明一下，也可當作複習配方法。

二次函數的基本形式為 $y=ax^2+bx+c$ 對吧。

這以配方法換算，首先要將跟在二次方、擋路的 a 先消除。

之前我們是將等號兩邊都除以 a，但這次等號另一邊為「y」，並不是「0」，因此無法先將 a 整除。

那麼，除以 a 後，算式則會變成 $x^2+\dfrac{b}{a}x+\dfrac{c}{a}$。

這個算式若要以配方法完成的話……要怎麼做呢？

將一次方的數字 $\dfrac{b}{a}$ 再除以 2 對吧……。

沒錯。也就是將 $\dfrac{b}{a}$ 乘以 $\dfrac{1}{2}$，就形成了 $\dfrac{b}{2a}$，接下來……。

 將多餘的東西減掉。

 沒錯。減掉除以 2 後的 $\dfrac{b}{2a}$ 的平方即可。因此要減掉 $\dfrac{b^2}{4a^2}$。

最後再加上原本就有的 c，並恢復原本就有的 a。

這麼一來，算式會變成這樣子。

$$y = a(x + \dfrac{b}{2a})^2 + c - \dfrac{b^2}{4a}$$

這個算式代表：

曲線向左移動 $\dfrac{b}{2a}$ 單位，

並向上移動（$c - \dfrac{b^2}{4a}$）單位。

就是這個樣子。而這個會在高二才學到，但只要掌握一元二次方程式，就不會是太困難的問題了。

一元二次方程式有 2 個答案的理由，用「看」的就知道！

 再來我還要補充一個非常重要的部分。你知道嗎？**二次函數的曲線代表的是除了頂點以外，每個 y 值都有兩個相對的 x 值。**

咦⋯⋯我不知道。

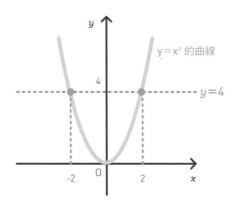

y＝x² 的曲線

4

y＝4

-2 O 2 x

例如在 y＝x² 的曲線中，在 y＝4 處畫條橫線的話，會有 2 個點與曲線相交吧，因為這是一條 U 字形的線。

是的。x 為－2 和 2 的時候，y 的值都是 4。

由此可說明「一元二次方程式的解共有 2 個」這一點。

啊！真的呢。這樣說的話很容易掉入陷阱呢。

就是說呀。不過，國中數學的函數，只會用到頂點位於原點的單純曲線，因此較難說明。

但國中代數的大魔王一元二次方程式中，也有 ax²＋bx＋c＝0 的算式吧。

這就和「求出 y＝ax²＋bx＋c 的函數中，y＝0 時 x 的值」的題目是一樣意思。而 y＝0 時，欲求得的則是與 U 字曲線相交的 x 軸位置。

答案有 2 個。這一點,很容易想像的出來呢!

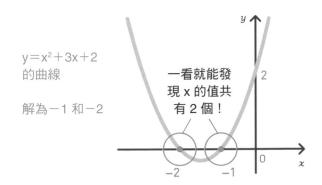

$y = x^2 + 3x + 2$
的曲線

解為 -1 和 -2

一看就能發現 x 的值共有 2 個!

 對吧?透過實際圖像,就能知道為什麼偶爾答案會出現負數,也能複習一元二次方程式。

 並未看到這一點,就中途放棄數學的人應該有很多……就像我一樣。

 所以呢,若要在國中分析提到二次函數的話,就應該搭配曲線的頂點不是原點的題型,才能較快理解。

 確實如此。畢竟**存款也不一定是從 0 元開始**。

 對呀。如果有「幾年以後想要存多少錢」的目的,有可能一開始就有一筆錢,或一開始就有借款了。**現實生活中,要畫出頂點不在原點的函數,機會多得是呢。**

反比關係不是指「正比的相反」！？

國中數學所學的「反比」，其實是非常狡猾的函數*。是否有很多人會認為「反比是正比的相反」呢？接下來，我即將揭露反比的真面目！

⇨ 奇妙的「反比」

國中分析也會學到反比，雖然國小也曾學過一些正比和反比知識，不過國中則會運用圖形與算式重新學起。**小學所學的正比很好理解吧？指的就是 x 和 y 的比例一致的關係。而一次函數中，最簡單的形式「y＝ax」也可稱為「正比」，指的是會通過原點的直線。**

啊啊，原來有這樣的關聯啊。

沒錯。不過，其實**意外成為地雷的，則是反比。**

---

* 目前台灣的國中函數部分主要介紹多項式函數的「一次、二次函數」，因為反比函數不屬於多項式函數，所以並沒有將反比關係用函數角度來解釋。而在國高中階段，反比函數和「負數次」函數都沒有列入課本中。所以，如果是以準備升學考試為目的來閱讀本書，可以直接跳過這個小時的課程（笑），如果閱讀完前面的部分，還想認識以前沒有探索過的領域，不妨抱著輕鬆的心情看完這部分。

咦……，地雷？

偶爾會有些人記著反比等於「x 增加，y 就會減少的關係」，就像一圖的圖形般，有些人會將朝右下降的直線稱為「反比」。

（心驚！）

這其實也屬於「比例」的一種，只是相對於「正比」而有的「負比」。那麼，反比到底是什麼呢？畫成圖形的話則是像圖二的曲線。但這並不是二次函數。

正比的曲線

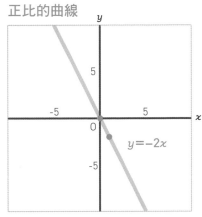

圖一：負比的圖形為一直線

咦，但它卻是曲線？那到底是什麼關係呢？

$y = \dfrac{1}{x}$。x 會變成分母，這才是反比。這不是一次函數也不是二次函數，而是國中會學到的「第三種函數」。而這個和一次函數的正比完全不同，必須小心，以免搞混了。

反比的曲線

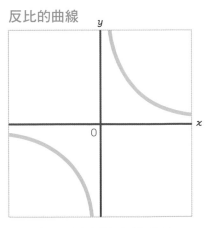

圖二：反比的圖形為曲線

什麼～，和一次、二次函數都不一樣？（好討厭啊）
……有沒有什麼訣竅，可以分辨這個和同樣都是曲線的二次函數呢？

真是個好問題～。**反比的話，其曲線會看似超越 x 軸和 y 軸，卻又不會超過喔。**
像是這樣。

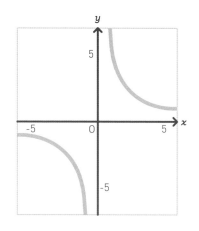

原來如此。**會一直延伸到靠近 0 的部分呢。**

沒錯沒錯。
嚴格說來，x 和 y 最後都會趨近於 0，這在高中期間也會證明，但這就先放著不提吧。
重點是反比這個命名，真的很糟糕。

一般人聽到「正比的相反」，絕對不會想到這種曲線吧。
像剛才朝右下方下降的直線若稱為「反比」的話，反而還比較容易理解，但是……都已經取了這名字，也沒辦法了。

「反比關係」就是一種折衷關係

 那反比會在什麼時候用到呢……？

 我們就用披薩做為比喻吧。

為了讓問題變簡單，先設定麵皮的厚度一致，並設定我們有塊麵皮的面積是 500cm² 吧。現在，我想做出長方形的披薩。

這時候，**若想讓長度變長，就必須減短寬度才行吧？因為麵糰的面積已經固定了。**

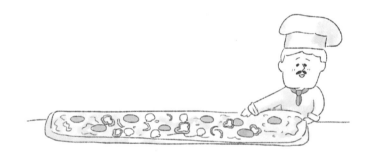

 喔喔～。像是得折衷的關係呢。

 若將這個問題列為算式，四邊形的面積等於「長×寬」，因此先列出「長×寬＝500」的算式。

若將這個列成式子，則是這個樣子。

〈面積固定的披薩的長與寬的關係？〉

$$長＝\frac{500}{寬}$$

175

也就是說，位於分母的「寬」越大，則「長」就會越小。
這種時候則可說「長與寬為反比關係」。

 原來如此。那麼，如果有個規模 10 億圓的市場，只有 A 和 B 兩家公司參與，其中 A 公司的業績成長時，B 公司業績就會下滑。這種關係並不是反比吧。

 沒有錯。
這個列成式子的話，

A 公司業績（x）＋B 公司業績（y）
＝市場規模（10 億圓）
因此，可列出
$x+y=10$
這樣的算式。
將這個列為 $y=?$ 的算式時，會變成
$y=-x+10$

也就是說，這個是一次函數中的負比例（見 173 頁圖一）函數而已。
「A 增加後 B 就減少」的關係也是一樣的。

 我在寫企業的採訪文時會注意不要誤用的……。

不過反而可以試著用看看如何？例如，聽到某位偉大的社長講話時，回答他「**社長！這個不是反比，只是負比例而已喔！**」這樣社長可能會覺得「嗯？這傢伙不簡單！」吧。

或者只會覺得「**哇，出現了一個好麻煩的傢伙**」……。

呃，不能否認這個危險性呢（笑）。

啊，對了對了，順帶一提，反比關係中 $xy = k$, $k \neq 0$，可得 $y = k\dfrac{1}{x}$, $k \neq 0$，其中 $\dfrac{1}{x}$ 稱為「x 的**倒數**」。

咦！？……倒數。確實，這個名稱比較感覺得到它和「正比不同」，反而比較好懂……。

但是，反比也會加上「x」啊……。

這個不能說是一次函數嗎？

以數學角度來說可以稱為「負一次函數」，但並不會有人這樣說呢～。大家都會直接說「倒數」。

因此，才會稱為「**第三種函數**」啊（見 172 頁的註解）。

類似於「第三種啤酒」吧。

好，我願意接受！！

喂，太早就認定這是「數學定理」了吧（笑）。

另外，$\dfrac{1}{x}$ 在高中數學也會寫成 x^{-1}，但只是因為「**除法為負數次方**」這個定律罷了。

自然界充滿著二次函數

你知道二次函數的拋物線，其實和日常生活息息相關嗎？

例如現在若要丟出手中的橡皮擦，其丟出後的軌道可用倒 U 字形拋物線（二次函數）來呈現。也就是說，自然界充滿著二次函數。

而棒球投手投出球後的球路會有所彎曲，則是因為以二次函數呈現的球路受到空氣摩擦，以及球本身的旋轉次數導致軌道產生變化。

若是處於無空氣摩擦、球也不會旋轉的環境下，就能用單純的二次函數計算出投出的球會落在什麼位置。這時球的路徑一定會呈現 U 字形，且左右互相對稱。而證明這個理論的，則是天才科學家牛頓。

發射人工衛星或火箭、飛彈皆為同理。朝向哪個角度發射，就會在對稱軸相對的位置落下，這都透過拋物線計算而成。

順帶一提，衛星碟型天線的英文名稱中的「parabola」帶有「拋物線」的意思。

這種天線的圓弧狀是透過二次函數所設計而成。

光線碰到物體後就會反射，而拋物線則具有「無論從哪裡反射，最後都會集中在 1 點上*」這個令人感動的定律。因此，只要計算該點位於何處，並放置電波接受器，就能確實接收到電波。

---

* 此為拋物線光學性質：平行拋物線的對稱軸的光線碰到拋物線上一點，其反射線會通過拋物線的焦點；反之，從焦點的光線碰到拋物線上一點，其反射線會平行拋物線的對稱軸。

第 **5** 天

悠哉學會國中數學的「幾何圖形」！

Nishinari LABO

只要了解「三角形」和「圓形」就能掌握幾何問題

國中數學的最後一部分為「幾何（圖形）」，與代數分析領域相較，我們比較能透過直覺理解它，並連接到現實生活中的問題。

⇨ 世界上充滿著三角形和圓形

剩下的就是幾何了。圖形世界用肉眼觀看就能明白，只需要記得幾個定律就行。**稍微記下幾個訣竅，就會發現它一點都不難。**

那麼，之前我已經提過，幾何是數學三大觀念中最古老的一環，對吧？

從「想測量」的欲望產生的研究對吧。

沒錯，幾何主要學習的，就是多種與形狀有關的性質，其中最重要的則是「三角形」和「圓形」。

三角形和圓形……？？？為什麼呢？

三角形　　　圓形

物體的最小單位是「點」，點和點連接成「線」。而只要有 3
條線，就能構成「面」。

是的。

也就是說，**面的最小單位就是三角形**。不管是什麼樣的多角
形，都是由三角形所組成的。

啊……這麼說來，CG（此指 Computer Graphic；電腦繪圖）
中用到的各種多邊形，也是三角形組合起來的嗎？

沒錯沒錯！雖然也有四角形或多角形，但基本上是以最小單位
也就是三角形組合成的，並描繪出立體角色，不這麼做就無法
構成一個面。因此，**學習幾何時，最重要的就是先理解
三角形的性質**，尤其國中數學的幾何問題中，有許多三角
形相關題目。

這麼說起來也是呢，果然是有其原因的。

然後呢，**三角形中最重要的性質就是「直角（90 度）」**。

咦？是直角？？？

不管是房子、牆上的白板還是白紙，世界上充滿各種直角對
吧？直角其實還滿深奧的呢。
任誰都能輕易畫出三角形，但若缺乏直角的觀念，就無法掌握
三角形的性質。

是指這樣就無法測量了嗎？

 不僅無法應用於測量上，建造的房子也會有點歪曲。這時，只要具備「直角」概念，就能了解各種法則。

這些法則中最重要的，就是「畢氏定理」了。它是國中數學幾何部分的大魔王。

警察先生！
就是這個人！

畢達哥拉斯
（西元前 582－西元前 496 年）

另外，「圓形」也相當重要，不管是水井、圓柱還是圓筒，自古以來世界上就隨處可見圓形的物體。

由此可知，三角形和圓形是圖形的基本，而國中數學的目標就是徹底掌握其性質。

⇨ 請畢達哥拉斯幫忙蓋貓屋！

 請貓咪再次登場！試著解決看看問題吧！

為了方便說明，我會一面使用符號一面解說。

首先，我們要立起一面高 60cm 的牆壁，這面牆我們稱之為牆 a。

利用牆 a，幫貓咪蓋一棟側面看起來是直角三角形的房屋。所以，我們需要地板 b 和遮雨棚 c。

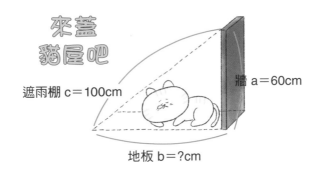

來蓋貓屋吧

遮雨棚 c＝100cm
牆 a＝60cm
地板 b＝?cm

 怎麼又是貓咪……！？

 沒錯，就是為了幫世界上最可愛的貓咪蓋房子喔。
那麼，我們必須先鋪上與牆 a 呈直角的地板 b，但長度我們還不知道，接著也需要一片斜面的遮雨棚 c。

 好的。

 那麼，我們現在有一片長 100cm 的板子，可做為遮雨棚 c 的材料。如果要直接用這塊板子蓋房子，地板 b 的長度又會是多少呢？

 以前好像學過解法……但是我忘光了（尷尬）。

 解得開這問題的話，代表你已經擊敗三角形的大魔王了。這部分的重點在於「**直角三角形**」。
如果牆 a 和地板 b 不是直角的話，就必須運用到高中所學的三角函數，計算也會變得很麻煩。

 遇到直角三角形時，就能運用「畢氏定理」對吧。

我從結論說起吧。**像這樣遇到直角三角形時，「最長邊長的平方等於剩餘兩邊邊長平方的總和」**。

這就是「商高定理」，又稱為「畢氏定理」。

以這一題的三角形來看，最長邊應該就是遮雨棚 c 了吧。因此，可列出「$a^2 + b^2 = c^2$」這個關係。

接下來只要代入數字就可以了嗎？

沒有錯。a 是 60cm，c 是 100cm，因此算式會變成 $60^2 + b^2 = 100^2$。

喔，這不就是可以立即擊敗的一元二次方程式嗎？

正是如此。就算看到算式也覺得沒問題了吧？這一瞬間會讓人覺得「努力學習沉悶的代數真是太好了～」呢（欣慰）。

以這個算式來計算的話……

$$3600 + b^2 = 10000$$
$$b^2 = 10000 - 3600$$
$$b^2 = 6400$$
$$b = \pm\sqrt{6400} = \pm 80 \text{（原本有正、負兩解）}$$

但 b 是牆的高度，應為正數，

故答案是 80cm。

你棒棒~♡

因此，**地板 b 的長度為 80cm**。

咦⋯⋯就這樣？**這麼快就解決了呢。**

如果在西元前看到這個的話，畢達哥拉斯一定會喊著：「哇鳴──！我發現好厲害的東西啊──！」還會在街上衝來衝去的吧（笑）。這麼簡單又方便的定理，實在很不常見呢。

超便利的道具呢⋯⋯。如果是建築相關的工作者，平常應該很常接觸直角三角形吧？

沒錯，畢竟圖形和現實生活息息相關。
如果只是要在紙上畫直角的話，可以用筆記本或尺的直角部分照描即可，但距離一旦拉長，誤差就會增加。

雖然乍看之下只是知不知道定理的不同，但應該會產生很人的差異吧。

對吧？只是如果能了解「**何時運用該公式沒問題？**」的話，就能安心使用，因此還是要了解其證明方式比較好。

尤其我認為**畢氏定理是人類的一個大祕寶**，機會難得，還是想告訴大家。

奇怪？怎麼不是像之前一樣說「國中圖形就這樣結束了！」（緊張）。

很遺憾的，反而現在開始才要進入正題呢（笑）。
為了證明無論何時運用這個方程式都沒問題，必須要證明直角三角形的「a^2 加 b^2 等於 c^2」特性。

有辦法證明嗎？

當然可以。這和一元二次方程式、公式解的關係一樣，與其背起公式，重要的是要了解為什麼會變成這樣。
那麼，我們就一起來證明畢氏定理吧！

⇨ 畢氏定理的多種證明方式

共有三種方式可以證明「a^2 加 b^2 等於 c^2」這個定理。

咦？這麼多種？？？

不不，你太天真了！其實畢氏定理的證明方式有超過 1000 種喔（笑）。
甚至還有針對數學迷的網站，大家會喜孜孜的貼文表示「我找出這種證明方式喔！！！」

 哇～～，那是什麼樣的世界啊（笑）。
原來世界上有這種喜歡鍛鍊思考體力的人啊……。

 也可以這樣說，**但因為畢氏定理實在太美了（陶醉），**
深受眾人喜愛。這一次我們就運用畢氏定理，並介紹三種證明
方式，一次學習國中幾何的所有性質。

透過「三角形」
及「圓形」掌握
國中幾何！

畢氏定理的證明①
利用「組合」

「畢氏定理」是世界上最美的定理之一，接下來就先介紹構成直角
三角形時，最簡單的證明方式。

⇨ 組合後就能發現的事物

就從最簡單的證明開始吧。

這是用來「組合」的模型。首先，有四個一模一樣的直角
三角形如圖般排列。請注意其方向。而四個三角形的外側則構
成了正方形。

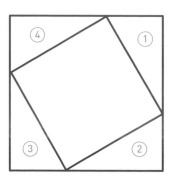

①～④ 為一樣的
直角三角形

為什麼可以斷言這是「正方形」呢？

這是因為正方形的定義為**「一個四角形之四角皆為直角，且四邊長度相同」**的緣故。請看這個圖，每一個邊的長度都是「**a＋b**」對吧？四角也都是直角，因此外側的大四角形也可說是正方形。

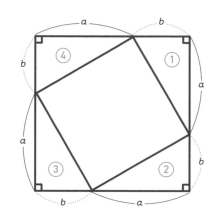

①～④ 皆為一樣的直角三角形，故外側四角形每邊邊長皆為 a＋b

四個角也皆為 90 度（直角），因此為正方形

 啊～，原來如此。**像拼圖一樣好有趣喔。**

 對吧？
接下來注意到的，則是這個大正方形中的邊長 c，其構成的四角形莫非也是正方形……這個問題。

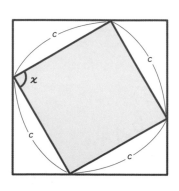

x 也是直角？？

啊，這個上色的四角形嗎？

 為了證明這一點，必須**先證明圖中的「x」也是直角**。

因此，在這裡我們先假設其為直角。

這麼一來，有看出什麼關係了嗎……？

「外側的大正方形面積」剛好等於「4 個直角三角形面積」加上「內側的小正方形面積」對吧。

看得出來嗎？

 喔喔————。確實如此呢！

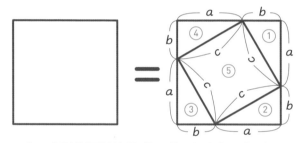

大正方形的面積等於 ①～④4 個直角三角形
加上中間小正方形⑤的面積

 寫成算式會是這個樣子。

大正方形的邊長為「a＋b」……。

〈大正方形面積求法〉

$$(a+b)^2 = 4 \times \left(\frac{ab}{2}\right) + c^2$$

直角三角形的面積×4 　　小正方形的面積

這個算式可運用配方法，以代數方式展開。

$$a^2+2ab+b^2=2ab+c^2$$

等號左邊的 $2ab$ 和等號右邊的 $2ab$ 可消除，故

$$a^2+b^2=c^2$$

看吧！是「畢氏定理」。

哇～，看了心情好舒暢……。

三種道具：錯角、同位角、對頂角

那麼，我們必須先證明剛才假定為直角的「x」是否真為直角。而在證明這個之前，必須先記得三種三角形角度性質，以利未來運用。

只有三個的話……沒問題。

謝謝你（笑）。
那麼，我們先從簡單的開始。
這裡有一個這樣的三角形。這個三角形不管長什麼樣子都可以，並未限定是直角三角形。
我們將三個內角定為「1」、「2」、「3」吧。

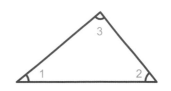

首先將構成角 1 的兩個邊向外延伸,而兩條線的交叉角度也會和角 1 相同。這種關係就稱作「兩個角互為對頂角」。這是第一個性質「對頂角」。

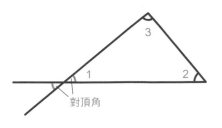

重點 在這裡!〈角度的性質①對頂角〉

2 條交叉直線中互為相對的 2 個角,其角度相同,兩者關係則稱為對頂角

接下來,則是畫出經過角 1 的頂點,並且平行於線 23 的一條線。所謂平行,就是 2 條直線一輩子都不會相交的狀態,稱作「平行線」。
而圖中角「2」和「2'」、角「3」和「3'」相等,稱作「錯角(的關係)」。這便是三角形的第二個性質。

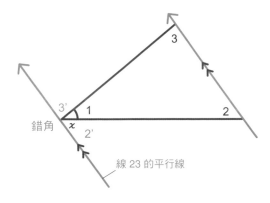

在這裡！〈角度的性質②錯角〉

畫出平行線後即產生錯角。

 嗯，錯覺？……那是什麼？？？

 不是錯覺啦，是「錯角」（笑）。

最後則是跟剛才一樣，從角「1」的頂點畫出平行線，並像畫出對頂角般，將兩條線持續延伸。這時候，產生的「2"」和「3"」的角度分別與角「2」、角「3」相等，這則稱為「同位角」。

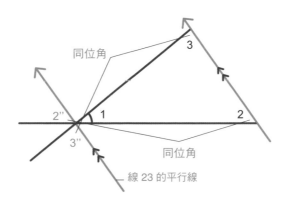

線 23 的平行線

 在這裡！〈角度的性質③同位角〉

畫出平行線後，也可找出同位角。

 咦……總覺得，同一個三角形變得好俐落喔。

第
5
天

悠哉學會國中數學的「幾何圖形」！

193

沒錯沒錯。在同一條直線上，也畫出了平行線嘛。幾乎都用看的就能理解，較有問題時就請證明這三個性質吧。總之圖形最重要的便是想像。

只要想像的話我可是很擅長的！！

沒錯，請先回想起原本的目的（笑）。
是想要知道「x」是不是直角吧（見 189 頁）？？？

啊，對……是這樣呢（忘光光）。

在這裡我想先請你在剛才同位角的圖上加上角「3」的錯角，這麼一來，就可得知角「1」、「2」、「3」加起來為 180度。這代表的意思為「**三角形的內角和為 180 度**」，其實國小就已經學習過，只是這次也得到證明。

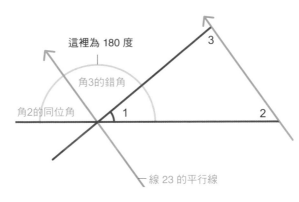

這裡為 180 度

角3的錯角

角2的同位角

1

3

2

線 23 的平行線

也就是說，
角 1＋角 2＋角 3
＝180 度，
由此可知三角形
內角總和為 180
度。

什麼───────（×10）！

 接下來，我們先回到原本那張圖，並將直角三角形的內角先寫上「1」和「2」。而「3」為 90 度，這樣的話，在這裡與角 x 相鄰的角……，是「1」和「2」對吧？

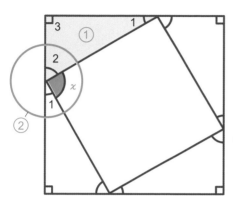

① 請注意三角形 123，因為
　角 1＋角 2＋角 3（90 度）
　＝180 度
　也就是說，角 1＋角 2
　＝90 度

② 請注意圓圈部分，因為
　角 1＋角 2＋x＝180 度
　也就是說，x＝90 度

以上為第一個畢氏定理的證明方式。
我們也收集到國中數學中，學習幾何的基本道具了。

 這麼說來，當初寫幾何題目時的確不斷在畫輔助線……。也回想起找出同樣角度時，會不斷加上〇或×等表示相同角度的各種記號……。

沒錯，實際上也只有這個途徑。因此，你的做法是正確的。
只要加上各種記號，圖形問題就比較容易解開了。

 啊啊，沒錯。當時確實有種解開的感覺。

 訣竅便是一開始快速找到**錯角**即可，接下來是**同位角**，最後也不要忘記**對頂角**。
這麼一來，就能解開了。
到這邊，已經解決國二以前的幾何，和一部分國三幾何的內容了。

 一如往常地很早呢！（笑）

我的「理組」小故事 **名叫「畢達哥拉斯」的少年**

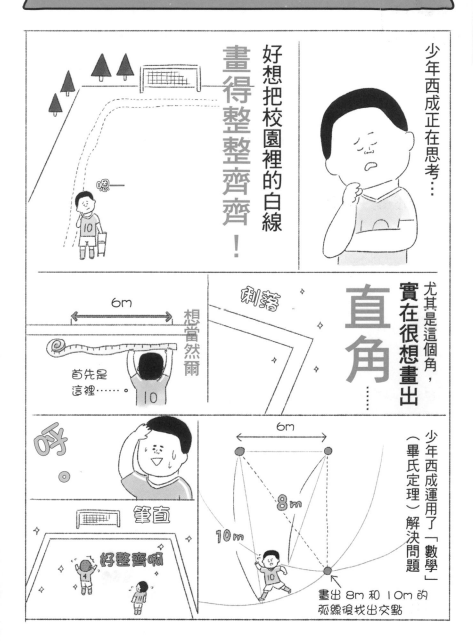

少年西成正在思考⋯

好想把校園裡的白線 **畫得整整齊齊！**

尤其是這個角， 實在很想畫出 **直角**⋯⋯

刷落

想當然爾

6m

首先是這裡⋯⋯。

呼。

筆直

好整齊啊

少年西成運用了「數學」（畢氏定理）解決問題

6m

8m

10m

畫出 8m 和 10m 的弧線後找出交點

畢氏定理的證明②
利用「相似性質」

第二種「畢氏定理」的證明方式，則需運用到「相似性質」。運用相似的形狀，華麗地證明定理吧！

⇨ 什麼是「相似」？

 現在來試試其他證明吧。
這次要運用的是「相似性質」。

 相思……這是什麼啊？

 以英文來說是「similar」。

 啊啊，是「相似」的意思啊。

 不愧是比較擅長語言文字的人。如果用「很像」這種形容方式似乎有點不精確（笑）。而且每個人談論的「很像」，也往往沒有基準。。

 確實。就像是「那個人是不是有點像藝人○○○？」「咦？有嗎？」的感覺。

不過，幾何的「相似」是有定義的，指的是「放大、縮小影印後，形狀完全一樣」的情況才可稱為相似關係。

在這裡！〈相似〉

不管放大、縮小影印後，形狀都一樣的圖形關係＝相似。

嗯……那，幾何的世界中如果提到「那個人和星野源similar」的話，並不是指那個人五官或感覺很像，而是不管怎麼看都是星野源，卻有「奇怪？但星野源有這麼小嗎？」像這樣的感覺？

就是這樣。

再舉例來說，地圖上也有比例尺對吧，例如幾萬分之一等。這就是所謂的「相似」。畢竟我們沒有辦法在紙上畫出和日本國土尺寸一樣大的圖形，因此只能說著「沒辦法，只好縮小後畫出來了」而製作出地圖。

或者說想畫出富士山的寫生時，應該不會有人會畫出與實際大小一樣的富士山吧（笑）。難道會為了讓剪影跟富士山一樣大，而在校園地面上作畫嗎？

看來處處都可感受到相似的概念呢（佩服）。

在國中只會接觸到從圖形正上方往下看時，最單純的平面相似圖形，但實際上相似可是有許多類型喔～。

⇨ 找出迷你三角形！

 這次我們就先畫出一個稍大的直角三角形吧。

接下來要運用到相似性質時，就會做出「迷你三角形」。

所謂相似，指的是剪影雖然一樣，但尺寸不同的狀態對吧。那麼，**若是三角形，就代表只要各個內角角度相同時便為「相似三角形」**。

 要怎麼做出來呢……？

 最簡單的方法，就是從直角頂點起，畫出一條可與邊 c 相交的垂直線即可。這條線就稱作「垂線」。

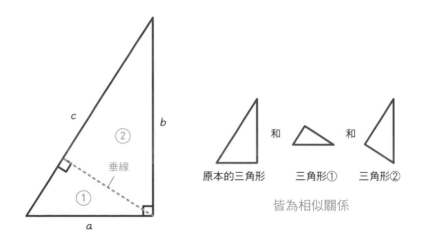

原本的三角形　　三角形①　　三角形②

皆為相似關係

這麼一來，三角形可被垂線分為 2 個，也就是產生了 2 個直角三角形。

小的迷你直角三角形稱作①，大的迷你三角形則稱作②。

其實，不管是①還是②，和原本的直角三角形都一樣是相似關係。也就是說，**只是尺寸不一樣，形狀卻是相同的。**

 咦—？又來了，有這麼順利的事情嗎？

 雖然很像隨口說說的，但卻是貨真價實，我會證明給你看。

先在這裡加上記號吧。以邊 c 和垂線相交處作為分界，並分別取為 d 和 e。

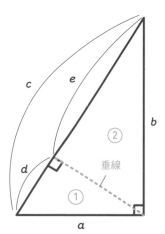

接下來會有一點狡猾，我們要重新描繪，將迷你三角形①和②反轉與旋轉，直到這兩個三角形與原本的三角形角度相同。

只是稍微旋轉個角度，大家應該都還能理解，但再反轉一次，就有不少人會感到混亂。

是指反過來後再旋轉……？

 沒錯。就像將荷包蛋翻過來後，再依順時針或逆時針方向旋轉的樣子。

這就像是頭腦體操，只是訣竅為「將直角的位置統一」，以及「反轉後長度也不會改變，請不要緊張，大方的轉吧」。

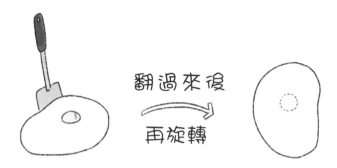

翻過來後
再旋轉

 這個……可以不要重畫，只在腦中想像嗎？

 不不，這一定要重畫。與相似有關的題目中，最容易導致失誤的陷阱就在這裡，**很多人只是在腦中想著「嗯，相對應的邊就是這裡和這裡吧」，反而容易出現錯誤。**

 這裡一弄錯就結束了吧。

 數學為堆疊出一個個正確資訊的產物，一旦出現相似問題，基本上必須重新描繪，讓這些圖形剪影相同。
總之我們先假設這部分已經成功完成了。
不過，接下來必須判斷這三者是否真的有相似關係。

要怎麼樣判斷呢？

 非常簡單，**只要三個三角形角度完全一致，就為相似關係。**

 啊，老師你好像說過這個呢。

 因此，我希望先來確認角度，首先為了「分解」圖形，必須先加上多個記號。我們在原本的直角三角形中，上方的角命名為「2」、左下的角稱為「1」。

也許你沒有注意到，不過三角形若要滿足「三個角角度相等」的相似條件，其實等於只要「**兩個角角度相等**」就可以了。

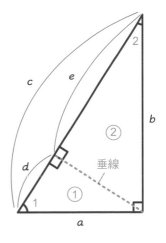

 我完全沒有注意到，你這麼一說才發現確實如此。這是因為三角形內角和都是 180 度的關係吧⋯⋯？

 沒錯，只要兩個角角度相同，剩下的角度則等於「180 度減掉另外 2 個角度」，因此「**2 個角角度相同的三角形**」就**形成相似關係。**

因為三角形①的「1」和直角與原本的三角形相同，而三角形②則是「2」和直角與原本的三角形相同。也就是說，三個三角形皆為相似關係。

203

原來如此。

 另外，相似還有一個重要關鍵，就是除了角度以外，「相似三角形的三邊邊長也必須為同比例（＝對應邊成比例）」。長度本身不同，但比例卻會是相同的。

 比例有點難以想像呢。

 若以剛才提到的，和星野源相似的比喻來說，如果手臂長度為另一個星野源的 1.2 倍，那麼腿長也會擴展為 1.2 倍。

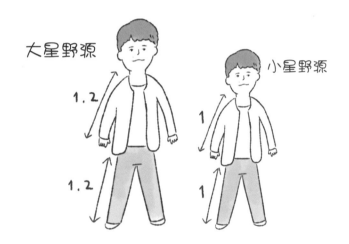

 多虧了小源，我快速理解了！

重點 在這裡！〈互為相似三角形的條件〉

① 三個角角度相同。
② 三個邊邊長比例一致。
③ 兩個邊邊長比例一致，其中間夾的角角度也相同。
　→①～③中只要符合任一條件即可稱之為相似。
※本書並未特別介紹條件③，有興趣者可自行搜尋。

原本直角三角形的邊「a」與「c」之比例，與三角形①的邊「d」與「a」比例相同。

也就是說，「$\dfrac{a}{c}=\dfrac{d}{a}$」這個算式成立，也因為相似，

原本直角三角形的邊「c」與「b」的比，也應該等同於三角形②的邊「b」與「e」之比例。

可見「$\dfrac{c}{b}=\dfrac{b}{e}$」這個算式也能成立。

其比例都是一樣的。可以理解嗎？

原本的直角三角形

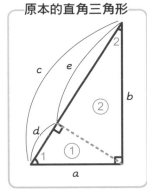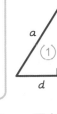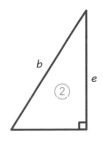

原本的直角三角形和三角形①為相似關係，故
a:c＝d:a
也就是指 $\dfrac{a}{c}=\dfrac{d}{a}$

原本的直角三角形和三角形②為相似關係，故
c:b＝b:e
也就是指 $\dfrac{c}{b}=\dfrac{b}{e}$

 唔……，除了這種算式以外，也有很多方式可以表現比例吧！為什麼要用這麼難懂的形式呢？

 啊～確實會讓人感到混亂呢……。
我現在列出這個算式，是為了再一次證明畢氏定理而列出算式罷了。因此，這是不需要解開的算式。

啊，原來如此。只是在鋪陳啊，即使不太清楚中途過程，但最後還是能掌握犯人？

 沒錯沒錯，只要先忍耐聽完這些，最後就會有感人的大逆轉劇情在等著唷。因此，接下來我會開始變換算式，為了最後的證明，就先寫出過程。

 了解。

 首先是剛才提及的 $\dfrac{a}{c}=\dfrac{d}{a}$。在等號兩邊都先乘上「ac」。

等號兩邊乘以一樣的數字，才能維持相等關係。

$$\frac{a}{c}=\frac{d}{a}$$

↓等號兩邊同時乘以 ac

$$\frac{a}{c}\times ac=\frac{d}{a}\times ac$$

$$a^2=cd\cdots\cdots ①$$

接下來則是 $\dfrac{c}{b}=\dfrac{b}{e}$，這裡則是將等號兩邊都乘上「be」。

$$\frac{c}{b}\times be=\frac{b}{e}\times be$$

$$b^2=ce\cdots\cdots ②$$

好的。

 接下來就是重頭戲了。**雖然非常需要想像力，但我要先試著將兩個算式相加看看**。將兩個算式的等號左邊相加、等號右邊也相加後，算式會變成以下：

> 將①的等號左邊與②的等號左邊相加，
> 而①的等號右邊與②的等號右邊也相加後，
> $a^2+b^2=ce+cd$

 奇怪，怎麼覺得看起來有點類似畢氏定理……。

 沒錯吧！那麼先仔細看看等號右邊的 cd＋ce，可發現不管是 cd 還是 ce，皆包含了 c，因此我們可以用 c 因式分解，像是這個樣子：

$$a^2+b^2=c(\underline{e+d})$$
這個是什麼呢？↑

那麼，再看一次圖片，請問 e＋d 是什麼呢？

 啊……，是 c！

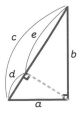

就是這樣。也就是說,

$$a^2+b^2=c\underline{(e+d)}$$

啊,這是 c!所以……

$$a^2+b^2=c^2$$

這樣就能證明畢氏定理的 $a^2+b^2=c^2$ 成立。

 喔喔喔喔喔喔喔!串聯起來了!

 很感動吧〜。因此,運用「三角形的相似性質」的證明方法也到此結束。同時也記得「相似」的觀念了。

⇨ **不知道怎麼辦的時候,就畫出輔助線吧!**

 以剛才的證明來看,一開始畫的垂線才是關鍵吧。如果沒有畫出垂線,也不會找到迷你三角形了〜,當然也不會發現 d 或 e 這些部分。

 圖形問題與如何畫輔助線可說是息息相關。
總之先畫出輔助線,並以文字或符號加註出未知的長度或角度,接著才突然發現「啊,說不定可以列出這樣的算式!」這可能比較接近真實狀況。

咦～，幾何也需要一些麻煩的作業呢，真意外。

 沒錯沒錯。「**不管結果如何，總之先畫看看吧！**」這種不畏懼失敗的挑戰精神，非常重要。

常用到的輔助線畫法包含四種類型。

重點 在這裡！〈輔助線的畫法〉

① 畫出垂線。
② 朝著某個邊正中央畫出可平分其邊長的線。
③ 將線延伸至可均分某個角度處（角平分線）。
④ 畫出與某個邊平行的線。

只要畫出這四種輔助線，並一一找出剛才提及的對頂角、錯角、同位角等，大部分問題的突破點就呼之欲出了。

 所以如果畫了其他線就沒有意義了嗎……？

 再來大概只剩下「**連接圖形與圖形相交點的線**」而已。
其他的線無法運用到「圖形性質」，即使畫了線，只是造成多餘的要素，十分浪費時間。

 咦～，幾何也需要一些麻煩的作業呢，真意外。

 沒錯沒錯。「**不管結果如何，總之先畫看看吧！**」這種不畏懼失敗的挑戰精神，非常重要。

常用到的輔助線畫法包含四種類型。

重點 在這裡！〈輔助線的畫法〉

① 畫出垂線。
② 朝著某個邊正中央畫出可平分其邊長的線。
③ 將線延伸至可均分某個角度處（角平分線）。
④ 畫出與某個邊平行的線。

只要畫出這四種輔助線，並一一找出剛才提及的對頂角、錯角、同位角等，**大部分問題的突破點就呼之欲出了。**

 所以如果畫了其他線就沒有意義了嗎……？

 再來大概只剩下「**連接圖形與圖形相交點的線**」而已。
其他的線無法運用到「圖形性質」，即使畫了線，只是造成多餘的要素，十分浪費時間。

第5天
悠哉學會國中數學的「幾何圖形」！

209

只要不斷推理適用於「錯角」或「畢氏定理」等定理的圖形，就能「解開」問題了吧。

建築、測量上不可或缺的「相似性質」

 另外，剛才老師提到「相似是非常重要的觀念」，那這個觀念如何有效運用在現實生活中呢？

 這個嘛，例如有個測量高度的方法稱為「**三角測量**」，這是在遇到大到無法直接測量的物體時，便以相似的迷你版進行測量的方式。

例如，只要有捲尺和木棍，就能量出校園內大樹的高度。

 咦，就是這個！我以後想聽到女兒說「爸爸會這個好厲害！」請教我。

 這很簡單喔。

首先，將高 1m 的木棍立於與樹有段距離處。

接下來趴到地面，前後移動木棍，讓木棍頂點與樹木頂點看起來重疊。再來只要標記自己頭部位置，再利用捲尺測量頭部到木棍立起處的距離，以及與樹木的距離。

例如與木棍的距離為 2m，與樹木的距離為 20m。

如果距離太遠，也可運用步伐與步數計算。

這個測量結果從側面看來，就如下圖所示。

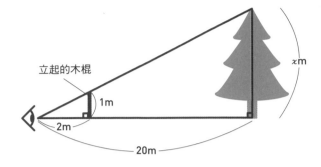

立起的木棍

高 1m 的木棍和自己的頭部構成了一個三角形，樹木也與自己的頭部構成三角形，而這兩個三角形構成相似關係。

構成相似關係

而這兩個相似三角形的邊長比例則為 20m÷2m，也就是 10 倍。

因此，若將木棍高度 1m 乘以 10，就可得知樹木高度是 1m×10＝10m。

好厲害！而且意外地簡單呢。

相似這個概念簡單又實用。
另外，天文學或船隻航海時也常運用到這個概念喔！

畢氏定理的證明③
利用「圓的性質」

最後介紹的，是運用幾何中也很常見的「圓形」來證明畢氏定理。
只要記得圓的性質，就能更加深對圖形的理解。

⇨ 令人感動的「圓周角定理」

第三種證明方式為「圓形」。雖然數學迷們看到後會覺得「竟然來這招？」不過這是為了讓大家能一併學習國中數學中，圓形的性質。

那麼，能理解這個證明方法，就代表腦袋很好吧。

其實……這是我為了這一次所想出來的方法，我不知道有沒有人聽過（笑）。

這次的伏筆較長，必須先了解圓形與三角形相關時的重要性質，在此先學習其中兩種吧。
也就是「**圓周角定理**」與「**圓冪定理**」。
先學習這兩種定理後，再利用類似於剛才「透過相似證明」的方式，證明畢氏定理吧。

感覺是一條漫漫長路，但像這樣先說明，對我的心理建設很有幫助（笑）。

那麼，就先從第一個性質「圓周角定理」說起吧。這是幾何學之中，最重要也相當好用的觀念。

首先畫出一個圓，並於圓周畫出三個頂點，再用線段連接三個點，形成與圓周相交的三角形 ABC。像下圖這個樣子，這種**圓周與三角形頂點相交的情況，就稱為「內接」**。

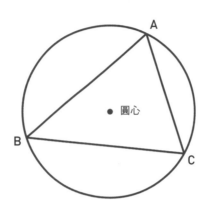

● 圓心

 任何三角形都可以嗎？

 什麼樣的都可以喔。

接下來要用三角形 ABC 的兩個頂點 B、C 連接圓心，也就是必須畫出 2 條輔助線。這麼一來，三角形 ABC 之中又會再出現一個三角形（見 214 頁上圖）。

 這裡面看起來不像有相似關係。

 角度很明顯地不同呢。其實，「**圓周角定理①：由圓心連接圓周兩個頂點所形成的角為角 A 的 2 倍**」，這就是「圓周角定理」的第一項。

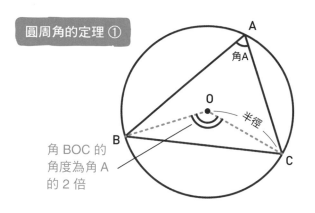

角A

O

半徑

B

C

角 BOC 的
角度為角 A
的 2 倍

喔————?

接著我先證明為什麼角 BOC 的角度會是角 A 的 2 倍吧！
首先，我們先從頂點 A 畫出一條穿過圓心的線。
這麼一來，角 A 會分成 2 個角，先稱其為 x、y。

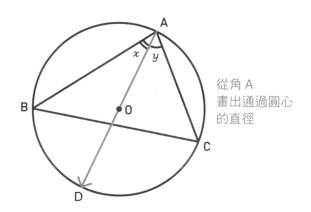

A

x y

B

O

C

D

從角 A
畫出通過圓心
的直徑

接下來是重要關鍵。我們要畫出邊 AB 和邊 AC 的平行線，而
且要通過圓心。我們就先來畫邊 AB 的平行線吧。這樣子可以
看出什麼呢？

啊，旁邊可以看出同位角了。

 是的。畫上平行線後就能看出角 BAO 的同位角。
接下來這個較不容易發現，因為最外圍是個圓形，線 AO 和線
BO 都是半徑長，代表圖中的三角形 OAB 為等腰三角形。

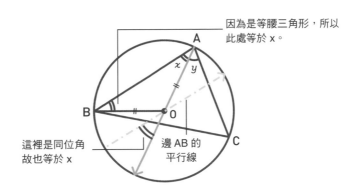

因為是等腰三角形，所以
此處等於 x。

這裡是同位角
故也等於 x

邊 AB 的
平行線

 喔！就像是尤里卡效應*一樣呢（笑）。

 等腰三角形的性質不只是兩邊邊長相同，兩個角角度也一樣。
因此，角 ABO 的錯角也浮現了。

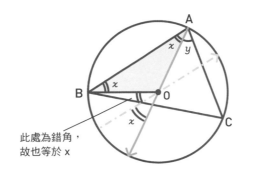

此處為錯角，
故也等於 x

 真的耶！

---

* 譯注：指靈機一動後解決問題的暢快反應。

如此一來從下圖就能發現，這裡的角度等於 x 的 2 倍（＝ 2x）。

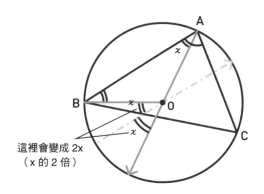

這裡會變成 2x
（x 的 2 倍）

y 的部分也按照和剛剛一樣的推論順序標記，可以得到 2y。

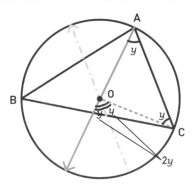

也就是說，2 條輔助線構成的角 BOC（見 214 頁上圖）角度為 2x＋2y＝2（x＋y），也就是角 A 的 2 倍。

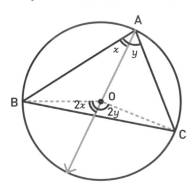

輔助線就像拼圖一樣，放上去才知道圖形和角度間的完美連結呢。

 我第一次看到時也很感動。另外，這個「圓周角定理」在國中學習圓的性質時，是最後一部份，但像這樣試著去了解之後，會發現沒有那麼難喔。

 不過，如果圓心落在圓圈內的三角形外面時，也能夠運用這個定理嗎？

 這是個好問題呢，可以運用喔，會變成這個樣子：

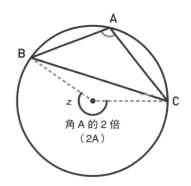

角 A 的 2 倍
（2A）

這樣的圖形也能構成圓周角定理，但比較讓人遲疑的是角 z 的位置吧。

 啊啊，搞不清楚了，到底要看比較小的角還是大的角……。

 以答案來說，**是比較大的（超過 180 度）角。**

嗯～，總覺得不太有道理呢……。

 不過，這個形狀也只是為了證明而已，不然做的步驟也一樣，都是**從圓心畫出輔助線，再接續畫出 2 條平行線，找出錯角與同位角，就知道等於 2 倍了**。

 雖然超過 180 度是有一點難以辨識，但做的事情一樣對吧。這樣的話我應該可以理解……。

 沒錯沒錯，就趁這個機會利用這張圖，學習國三學到的「圓與四角形」中有趣的幾何性質吧。

我們在這張圖上，再找出一點 D，並連接成四角形。

角 A 對側的角就稱為角 D。

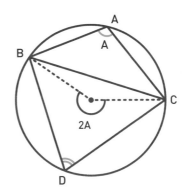

這樣一來，根據剛剛的圓周角定理，是不是可以看出圓心角中，較小的那一個角（非 2A）等於角 D 的 2 倍？就像是將剛才看的三角形翻過來看的感覺。

 ……啊，對、對。

這裡我希望你先專注看著圓的中心就好，2A 和 2D 相加以後等於 360 度對吧，因為繞了一圈。

寫成算式的話為 2A＋2D＝360 度。

這個 2 太佔空間，就將等號兩邊都除以 2 後，

可得到 A＋D＝180 度。

圓周角的定理 ②

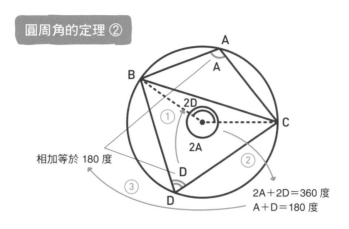

A

B

2D
①
2A

相加等於 180 度

C

D
③
D

2A＋2D＝360 度
A＋D＝180 度

②

是的。那……這有什麼意義嗎？

這就是「**圓周角定理②：在圓內接四角形中，相對的兩個內角和必定等於 180 度。**」（因為角 A 加上角 D＝180 度，四邊形內角和為 360 度，因此角 B 加角 C 也為 180 度。）

啊，原來如此～。幾何很多部分都能互相連接，好有趣！！

再來是內接於圓的三角形，也會有像下一頁這樣的形狀喔。三角形通過圓心的版本。

看起來像是超嚴謹的學生會畫出來的圖呢（笑）。

沒錯沒錯，就是那種一定要先找出例外的傢伙（笑）。

這時候，圓心的角度為 180 度，對吧。這樣看來，角 A 就會是其角度的一半 90 度。也就是說，這一定會是直角。

圓周角的定理 ③

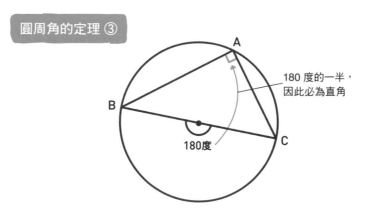

180 度的一半，
因此必為直角

180度

在這裡另一個需要記起的是「圓周角定理③：圓內接三角形中，若三角形的一邊通過圓心，必為直角三角形」。這個定理也隱藏於圓周角定理①之中（依剛剛的步驟、畫出輔助線就能得知）。

好厲害！！圓周角定理根本萬能吧。

請先確實記得圓周角定理①〜③喔。

重點 在這裡！〈圓周角定理〉

① 圓心處構成的角為角 A 的 2 倍（見 214〜216 頁）。
② 圓內接四角形，相對的兩個內角和必為 180 度（見 218〜219 頁）。
③ 圓內接三角形，其一邊通過圓心時，該三角形必為直角三角形（見 220 頁）。

藉由相似三角形了解「圓冪定理」

接下來我要說明圓與三角形的第二個性質。

首先畫出一個圓，這次不畫內接三角形，而是畫出 2 個頂點位於圓周上、第 3 個頂點突出於圓的三角形。這個三角形的樣子也不限。

接下來，請注意三角形凸出於圓外的部分，並將三角形與圓的兩個交點用直線連接起來。

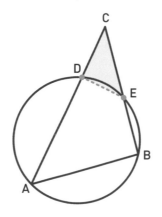

有 D 和 E 兩個交點。啊，大三角形裡面有一個迷你三角形。

凸出來的部分為三角形 EDC 對吧，而這個三角形翻過來後，其實和原本的三角形 ABC 為相似關係。因此，每個角的關係如右圖所示。

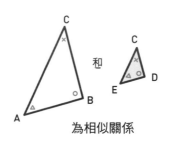

為相似關係

221

咦————，真不可思議！

這就是第二個性質「**圓冪定理**」。
只要回想起剛才提過的「圓周角定理②：四角形內接於圓時，
其相對的兩個內角和為 180 度」性質，就能一瞬間證明完畢。
這次，我們在畫出迷你三角形時也畫了輔助線，而在無意間，
其實也同時畫出了內接於圓的四邊形 ADEB 喔。

啊！真的耶。

因此，相對於角 B 的角 ADE，就等於「180 度減掉角 B」對
吧（圓周角定理②）？因為兩角相加等於 180 度。也就是說，
可以列出「角 ADE＝180 度－角 B」（如下圖）。那麼，角
CDE 是幾度呢？

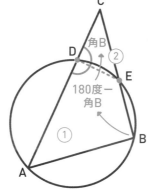

角 CDE 的角度為？
角 CDE＝180 度－角 ADE
＝180 度－（180 度－角 B）

因此，
角 CDE＝角 B

這個嘛，180 度減掉（180 度－角 B），所以等於角 B 對吧？

這樣就結束證明了（笑）。

剛才也提過三角形相似的條件中，包含了「2 個角角度相等時便為相似關係」對吧（見 203 頁）。

 對，反正第三個角一定也一樣吧。

 沒錯。這一次，因為△ABC 和△CDE （見左頁圖）一開始就共享角 C，只要證明角 B 和角 CDE 的角度相同，就可確認彼此為相似關係了。

重點 **在這裡！**〈圓冪定理〉

三角形的兩頂點位於圓周上，另一點凸出於圓外側時，原本的大三角形及凸出的小三角形為相似關係。

⇨ 找出利用相似關係的證明

 以上已說明完圓的基本性質，接著我想開始說明運用相似關係證明畢氏定理的正題。

 終於要到終點了！！

 我再畫一次圖形喔。

從這裡畫出輔助線，並加上標記。這是為了證明，因此請不要太過煩惱「**為什麼要畫出這個輔助線？**」這可是前人不斷鑽研才證明出來的。

我知道了（笑）。

 首先，先以直角三角形 ABC 的點 A 為中心，畫出一個半徑 b 的圓形。接著延長 CA，找到與圓周相交的點 D，再連接起 B 和 D。這麼一來，圓冪定理中，「2 個頂點位於圓周上，另一點凸出於圓外側的三角形 BCD」就此完成。由此可看出，只要再畫出三角形凸出於圓外的輔助線時，大三角形與凸出於圓外的三角形（藍色部分）為相似關係。

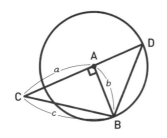 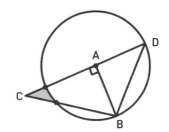

大三角形 BCD 和凸出的小三角形（藍色部分）為相似關係

 喔喔……。

 接下來，我會運用相似的證明方式，活用邊與邊比例相同的特性列出算式。

 真是……靈光一閃的世界呢。

 確實如此（笑）。接下來需要發揮多階思考力，請加油喔。首先，先看邊 a。**邊 a 未超出圓周部分的長度其實就是 b。因為長度等同於圓的半徑**（見右頁圖①）。

喔──這麼突然就出現了靈感！

 也就是說，**邊 a 凸出於圓外側的長度等於「a−b」**（圖②）。這樣就可以用標記表現出迷你三角形的其中一邊。若以大三角形來說，則是相對於邊 c 的一側。看得出來嗎？

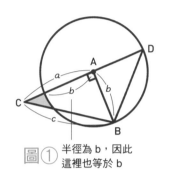

圖① 半徑為 b，因此這裡也等於 b

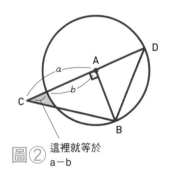

圖② 這裡就等於 a−b

 看得出來，沒問題。

 這樣就找到一組相似的比例了。
接下來要注意的，則是迷你三角形和大三角形中最長的一邊。先從大三角形看起。這個大三角形為邊 a 再延伸而成，而延伸出去的長度恰好與半徑相同，因此延伸的部分也與 b 長度相同。也就是說，**大三角形最長邊邊長等於 a＋b**（圖③）。

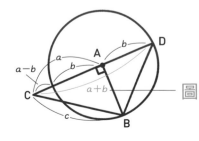

圖③ 邊 CD 為「邊 AC＋邊 AD」，邊 AD 為圓半徑長，故邊 CD 長度為 a＋b！

啊——，原來如此！

 三角形部分有點狡猾。首先從 A 畫出一條與邊 CB 垂直的垂線，垂線相交點處設為 E，E 至 B 的距離設為 e。

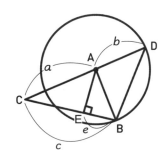

再來運用輔助線的魔法，畫出連接「邊 CB 與圓周相交處（設為點 F）到「圓心」的輔助線。
這樣就出現了一個等腰三角形 AFB。

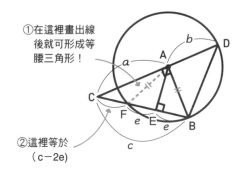

 這樣啊！是因為邊 AF 和邊 AB 的長度都等於圓的半徑 b 吧？

沒錯，你懂了。

因此，這個等腰三角形的底會是 e 的 2 倍。因為已經畫出垂線，可看出底已對半均分了。

也就是說，迷你三角形中最長邊邊長為邊 c 減掉 2 個 e，故為「c－2e」（見 226 頁下圖中的②）。這樣就準備完全了，目前為止沒問題吧？

總覺得差不多快出現問題了……

再一下下就結束了！**大小兩個三角形為相似關係，因此邊長比例相同**。也就是說，分開來看的話就像這個樣子。

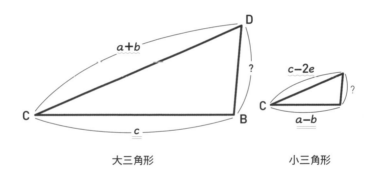

大三角形   小三角形

在這裡要運用「圓冪定理」的話，可列出以下算式。

$$(a+b):c=(c-2e):(a-b)$$

也就是說，

$$(a+b)\times(a-b)=c\times(c-2e)$$

這麼一來就可變換為以下式子。

$$a^2 - ab + ab - b^2 = c^2 - 2ce$$
$$\therefore a^2 - b^2 = c^2 - 2ce$$

好像稍微看到畢達哥拉斯的臉了……！！

對吧？不過到了最後，我剛才「暫時」放著不管的「e」還是個謎（笑）。真麻煩呢。

我們先畫出原本的直角三角形，再回想起相似的性質。聽了這麼多資訊，可能已經忘了，但「相似」一開始曾說明過的，就是像這樣在直角三角形中畫出垂線時，會出現三個相似的三角形（見 200 頁）。

是這樣啊（忘了）。

因此，這個迷你三角形和原本的三角形為相似關係，邊長比例也會一致。而兩個三角形哪裡相對，只要先將迷你三角形翻過來再旋轉，讓兩者剪影相同即可。

這麼一來，迷你三角形的邊 b 就與原本的邊 c 相對應；邊 e 則與原本的邊 b 相對應。算式可列成 $\dfrac{c}{b} = \dfrac{b}{e}$。

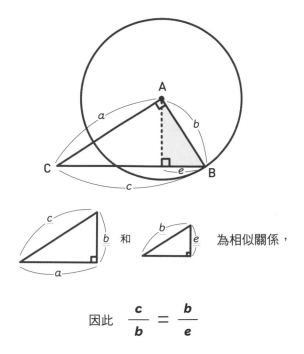

和 為相似關係，

因此 $\dfrac{c}{b} = \dfrac{b}{e}$

因為分母很煩人，我們就先將等號兩邊都乘以 be，將算式變成「$ce = b^2$」。現在想求得的是 e，因此將 c 移項到等號右邊，得到「$e = \dfrac{b^2}{c}$」。這樣我們就找到 e 的真面目了，可以不再使用 e 這個標記。

 唔……老師，眼前即將出現光明（感動）。

 再一步就爬到山頂了！
原本「$a^2 - b^2 = c^2 - 2ce$」中的 e 很棘手對吧，不過，因為已經得知 $e = \dfrac{b^2}{c}$，就用 $\dfrac{b^2}{c}$ 代入 e 吧。

$$a^2 - b^2 = c^2 - 2ce$$

用 $\dfrac{b^2}{c}$ 代入 e

$$a^2 - b^2 = c^2 - 2c \times \dfrac{b^2}{c}$$

$$a^2 - b^2 = c^2 - 2b^2$$

將 $-2b^2$ 移項到等號左邊可得

$$a^2 + b^2 = c^2$$

好，這樣就證明出「畢氏定理」啦！

 真、真的啊啊啊啊啊……！！（感動）

 好了，這樣就結束三種「畢氏定理的證明方法」，同時也結束國中三年所有幾何的內容了！

 老實說，最後還是有一點頭昏（笑），但比起代數，幾何真的很好理解，就像是解開智力遊戲一樣，有種興奮感～。

 就這樣，我們已經打倒國中數學的代數、分析、幾何的大魔王了。恭喜你從國中畢業了！

 非常感謝老師！！！！！（大哭）

我的「文組」小故事 崩壞的文組

我是負責本書的編輯。

初次見面

製作這本書的契機……就是

我想治好經過30年熟成的

數學過敏症！！

回想起二十多年前……

國三時

往第一志願高中努力

數學的成績卻連**1分**都沒有增加……

夕陽刺痛了我的眼睛！

很驚悚對吧？

每天花了好幾個小時學習最不擅長的科目「數學」……

加油

不斷寫題目……

搞不懂

這是什麼啊

繼續寫……

還在寫……

結果沒考上第一志願，大學也唸了「文學院」

YES！一路讀文組！！

任職的工作則是書籍的編輯

文學部

出版社

然而，**工作**上還是需要數學能力！

誰快來 HELP ME！

攻下
國中數學！

打倒了國中數學大魔王「一元二次方程式」、分析魔王「函數」，
最後也戰勝了幾何的 BOSS「畢氏定理」，之後還能看到什麼
呢⋯⋯？

⇨ 終於到了感人大結局？

到這邊為止終於結束國中數學全部內容了，辛苦了！

非常感謝老師！現在如果有人讓我試著去解開成高中或灘高
中*的考古題，我解得開嗎？（興奮）

這些第一志願學校的考題多為應用題，其實我也不知道解不解
得開，不過如果能掌握這次課程內容，只要做個兩、三次考古
題應該就能解開吧。至少看了解答可以立刻理解。

先不論有沒有靈光一閃找出解法，但至少能理解意思吧。

沒錯沒錯，**這一次用最短距離重新學習國中數學，但卻沒有省
略掉什麼重要的關鍵**。我因為本書的製作，特別將國中教科書
中加粗的專有名詞全部寫到筆記本上，你可以看出必須學習的

---

* 位於東京都的開成高中與兵庫縣的灘高中，分別為 2018 年考取東京大學學生
數的第 1 名和第 4 名，其中開成高中更連續 38 年佔據考取東京大學人數第一
名的寶座。

內容都包含在書中了。

 真的呢，好厲害！幾乎都學完了……！

No.
Date

Keywords （太字）

※の＝的
おうぎ形＝扇形
逆数＝倒數
関数＝函數
平方完成＝配方法

中1
自然数 （正の整数）
数直線 , 絶対値
交換法則 , 結合法則 , 分配法則
2乗 , 3乗 累乗 , 指数
(平方) (立方)
逆数
項 , 係数 , 方程式 , 不等式 , 移項
次方程式 , 比例式 (a:b=c:d) , 反比例
関数 , 変域 , 双曲線 , 座標

平行移動 , 接分 , 弧 , 弦 , 二等分線 , 接線
おうぎ形 , 中心角 , 円錐 , 角錐 , 正多面体 , 体積

中2
多項式 , 1次式 , 2次式 , 同類項
連立方程式…代入法 , 加減法
1次関数 a変化の割合 , 傾き
y=ax+b b:切片

内角 , 外角 , 対頂角 , 同位角 , 錯角
a=a   a=c   a=c
合同

中3
展開 , 乗法公式 , 因数分解
平方根 √□ 正のみ → 制限 → ∮ ≠0K (高校へ)
無理数
2次方程式… (平方完成 , 解の公式 , 因数分解)
y=ax² 放物線
相似 , 相似比 , 円周角の定理 , 三平方の定理

※西成教授實際寫在筆記本上的文字，圖中為日本的教學階段。為了切合台灣的
教學階段，閱讀本書時請參考注解說明。

學習數學能夠因為不同的教法，一口氣爬到山頂呢。
而感到不安或不擅長的部份，只要視需要掌握重點即可。

像我這種長大成人後再來重新學習的人，只要像這次快速「掌握道具」，就能加深對數學的理解呢～。

對於再次鼓起勇氣的大人和學生來說，這樣的教法是最理想的。
學生可能還需面臨考試，多少必須反覆練習，但學習效率仍然會比照著教科書學習還好，主題也沒有什麼不同，應該能增加理解程度。

原來如此。如果還有閒暇時間，可以像老師一樣解看看高中題目吧。

沒錯，如果可以在最短時間內理解，希望再更進一階的人當然能繼續向前走。

就是說嘛～～（奸笑）。

咦，怎麼了嗎（好可怕……）。

其實啊，我可以理解光靠國中數學就能運用到生活中各個場合，但你不是說過**國高中數學中分析領域的終點是微積分**嗎？尤其是你還用超級沉醉的表情，大讚「**微積分是人類珍寶**」。

這一點沒有錯！！（果斷）

 這樣的話，可不可以多少教我微積分的一些知識？
我的黑歷史就是微積分，我覺得自己可以靠著這次的氣勢一舉學會高中數學。就算無法解開微積分也沒關係，我想只要知道這是多實用的工具，就能對女兒吹噓一番了。

 原來如此，是這樣啊。
如果只是簡單介紹的話，也不是不行。

 這完全沒有問題，不用太詳細！（不如說千萬別教太多！）

 你露出了「拜託不要教太細」的臉呢（笑）。
那麼，就當作附贈的課程，我們快速學習高中數學吧。

 太好了！麻煩老師了。

第

6

天

〈特別課程〉
體驗看看數學
的最高殿堂
「微積分」吧
！

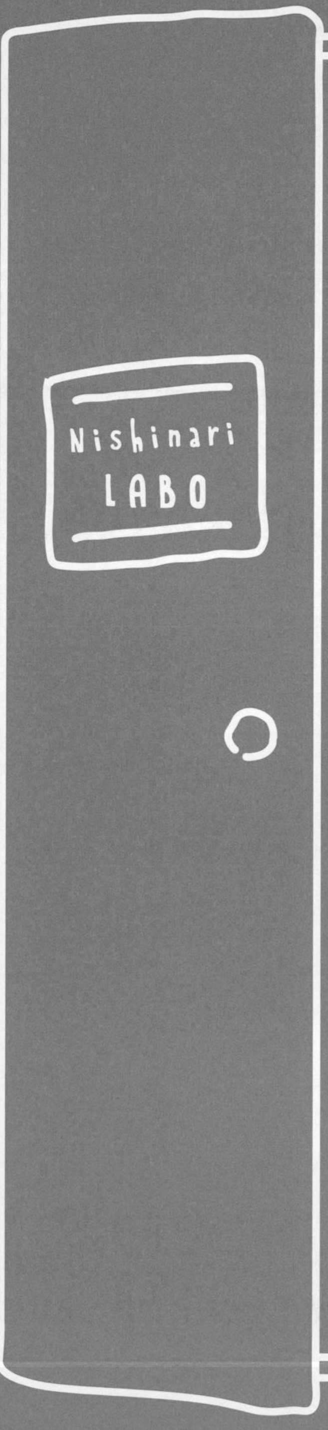

小學生也能理解的「微積分」

第 6 天 ／ 第 1 小時 ／ LESSON

我學完國中數學後,認為自己也該試著破解讓我苦惱至今的黑歷史,也就是高中數學的「微積分」,因此今天也到西成研究室登門拜訪。

⇨ **豐田汽車製造現場的「改善作業」就源自微分觀念!?**

 今天就應你的要求,開這一堂分析領域的大魔王「微積分」的基礎課程。

 感謝老師答應我的任性要求。微積分真的是我的創傷⋯⋯。

 確實有不少人會感到挫折。不過我也會教小學生微積分,這次就交給我吧。

 小學生!?

 沒錯,教學時**不會讓小學生們算題目,但會讓他們確實了解觀念。**

尤其微分的觀念最為重要,我就從微分講起吧。

首先,就算提到「分析」這個詞,每個人的印象也都不同,但**以數學角度來說,分析是「細分後再進行運算」的意思。** 不是大致上的運算,而是**細分成小部分後再運算,這就是微分。**

238

微分的「微」，指的就是細微或微小的「微」吧。

 是的，代表的就是「些微」的意思。英文則稱為 micro，因為**「細微區分」**的關係稱為**「微分」**。

換個話題，其實我也是「日本國際資源再生學會」的會長，因此除了研究以外，也以「減少多餘和浪費」為志業。

 啊———，**難怪你對課本裡面「多餘的部分」這麼敏感（笑）**。

 就是如此！而在日本國內以「改善」聞名的就是豐田汽車了。

 豐田式的改善可說是貫徹與實踐了「KAIZEN*」吧。

---

* 「KAIZEN」為一企業管理詞彙，意指「在每位員工、每個生產與管理細節上持續進行改進」，達到消除浪費、降低成本。「KAIZEN」的實踐，在日本可說是由豐田汽車發揚光大。

豐田的改善訣竅，是「能分，則分」這種有點禪味的標語呢。
這是因為如果只看整體，會有許多無法注意到的部分，但只要細分工廠各生產線作業員的工作，就能在最基礎的單位中找出無謂的消耗，這是改善整體的第一步。
因此，豐田的「能分則分」正是抱持著「微分」的觀念。

⇨ 用 1 根頭髮就能了解微積分

這是微分對吧，那和積分有什麼關係呢？

積分則是指「將細分出來的物體再次重新堆積後回歸整體」的意思，和微分所做的事情完全相反。
接下來，我就重現我平常教小學生的微積分內容吧。

唔，我聽得懂嗎……。

小三的學生就能輕鬆理解了，請放心。
首先我們從「測量頭髮長度」開始吧。
頭髮因髮質而異，但只要有一定的長度，就會產生不是直線也不是拋物線的彎曲狀吧。我會請學生讓頭髮維持這個樣子，以透明膠帶貼在紙上。
我如果對學生說「借老師一根頭髮」，他們都會大笑。（笑）

等等……這麼自嘲嗎（笑）。

這是我常用的段子。在這樣的狀態下，我只提供給孩子們尺。

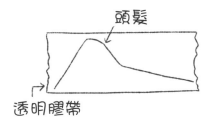

頭髮

透明膠帶

這時候，只要我說「用這把尺量一下頭髮的長度」，大家就會
吵著「不可能啦！」「尺是直的沒辦法啦！」

不可能啦　　　做不到～～～

但我並不會立刻講出答案，只會說「真的嗎？再想看看吧！」
讓他們思考一下，就會有人出現靈感，發現可以「細分成小部
分後再測量」。

啊——，原來如此！因為不能改變直尺
的形狀，但在直尺能量的範圍內，分為
好幾個部分再測量。

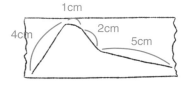

1cm

2cm

4cm

5cm

就是這樣。

只要有孩子想到這一點，我就達到課程的目的了。

具體來說，從頭髮一端開始測量，一開始的 4cm 較接近直線。接下來再加上有點彎曲的部分約 1cm，接著是 2cm、5cm 等，像這樣加總起來就能得知頭髮大概長度了吧？

只是相加而已嘛。

沒錯，很簡單。**像這樣細細區分後再測量的作業，就是微分，而之後加總的作業則是積分**。「將分開後的部分堆積起來加總」，所以稱為積分。

什麼──！！原來微積分有這個意思啊！

➡ 分得越細，越能看出問題

不用解釋太困難的內容，也能理解微積分的概念吧？我再重複一次，**「分解到自己也能測量、處理的範圍」這個想法是最重要的關鍵**，這甚至可以直接納入小學課程內容。

說的也是呢。
等我女兒長大一點，我也要在家試試看。

請務必試試看！回到國中數學的話題，課程中我發給小學生的直尺其實就代表了一次函數中最簡單的道具。國中會學到拋物線，還可以進一步用這方式測量彎曲成 U 字型的線。

雖然重複三、四次步驟，就能測得彎曲線條長度，但只要運用到微分，甚至只要一次方就很足夠。

哇，怎麼這麼好……！

微積分可是對「複雜的理解方式」展開了革命呢。

這可讓我們學習到問題的解決方式。

也就是說，複雜的問題只要細分後，就變得很單純。變單純後，就更容易測量，也更容易找出多餘的部分。結束後只要全部加總起來就可以了。這就是微積分最基本的觀念。

什麼嘛，光是觀念就能應用在各層面了呢。

沒錯。例如面臨「加強足球隊」這個課題時，一般來說就會不斷練習射門、加強短跑，但卻不知道能不能變強。往這個方向加強不是錯的，但如果是注意到「先確認防守能力」，並專注於防守，仔細分析後，就能找到後衛的各種弱點。

最重要的課題更容易顯現出來。

沒錯。也不一定用像是「後衛」等守備位置區分，還可以依據每個選手的特性區分，並仔細觀察每個人的能力，這才是最理想的。

像是「A 的問題在於耐力不夠，就特別設計跑步的訓練菜單吧」這樣，就能找到各種具體對策呢。

就是這樣！**區分得越細，解決方式就會越具體**。最後只要全部加起來就行了。話雖如此，實際在數學中，積分並不單純只是加法，不過最重要的是先掌握觀念。

不，我已經很清楚了。光是這一點，就能大幅改變學生對高中數學的理解程度吧。
好想穿越時空，救救高中時的我啊……。

⇨ 為什麼需要微積分？

那麼，微積分是源自「想測量彎曲線條長度」的需求嗎？

也許也有這個因素吧，不過我想實際上應該源自於想測量「面積」。會用頭髮比喻，只是為了讓大家容易理解，因為只需注意「長度」部分即可。不過我想一開始，微積分應該是源自「想知道彎曲造型物體的面積」等想法。
例如這裡有座形狀不規則的池塘，被問到「這個池塘的面積是多少？」時，常常只能回答「我只知道面積等於長乘以寬」沒錯吧？
那麼要怎麼樣計算呢？這就是需求。

喔———。

找出突破點的就是微分的觀念「區分成小部分即可」。

例如準備大量的 1m² 板子，讓其浮在水面上，就知道「可以放幾片」這樣嗎？

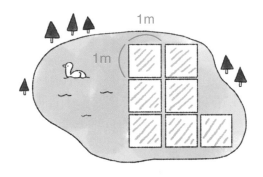

沒錯沒錯。如果可放入 50 片，則可得知「面積約為 50m²」。不過，這並不是正確的數字。不知道彎曲部分的面積，就會覺得「這樣很危險」對吧。

無法擺上板子的部分怎麼辦？

那麼，該怎麼做才好呢？

嗯～～～～～嗯……。
準備更小的板子嗎？

就是這樣！
你已經開竅了呢。 沒錯，只要準備更小的板子就可以，越小就越能得到正確答案。那麼，小的極致是什麼呢？就是「**小到看起來等於一個點**」一般。這麼一來，應該可以求出非常接近 100%的面積吧？

嗯，照理來說是這樣……。

數學是一門抽象化的學科，因此推論到這地步就 OK 了。微分的重點就在於「細分到無限小」。**在數學會使用到「無限小」這種摸不透意思的話**，但你應該會想「用無限小蓋滿整片面積，總共有多少個？」吧。

我剛才非常悠哉地在腦海裡描繪鄉下的池塘，但因為你這句話，我一口氣回到數學的世界了（笑）。

不過透過積分還能回到現實，請放心吧。
本來數學就是一種「將現實生活中的物體暫時帶到抽象世界，再不斷計算，最後回到現實生活」的循環。

抽象世界啊（汗）。
那麼，「無限小」能算得出來嗎……？

能夠算到這個地步，正是微積分厲害之處。
實際上計算「無限小」是積分的工作，再怎麼彎曲的池塘都能求得其面積。
這樣的話，你會想知道測量方式嗎？

會！活了 40 多年，第一次想學會微積分！

⇨ 看一看微分算式吧！

 那個……微積分的算式是怎麼寫的？

 微分是用「d」寫出這樣的算式。

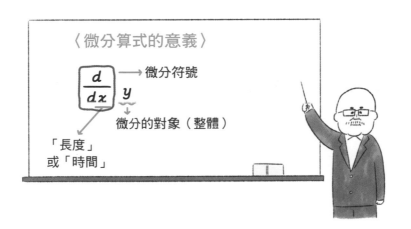

〈微分算式的意義〉

$$\boxed{\frac{d}{dx}}\ y$$

→ 微分符號

↓
微分的對象（整體）

「長度」
或「時間」

 唔……，出現了！！（汗）

 雖然有點難懂，但微分的「$\dfrac{d}{dx}$」為標記，y 則是微分的對象。y 可以代入頭髮或池塘等「整體」。

 奇怪？這裡出現的 x 是什麼？

啊，不需要把這個 x 看成一個獨立個體。$\dfrac{d}{dx}$ 是一組的。那麼，這個 $\dfrac{d}{dx}$ 若出現在物理題目，大多是指與「長度」或「時間」有關的微分。也就是說，x 代表的是「長度」或「時間」。整體看起來，這個算式可看成「用長度或時間細分整體 y 的結果」。

 那麼，若針對股價圖表微分的話，就是「以時間軸細分整體股價的結果」，若針對頭髮微分的話，則是「以長度細分 1 根頭髮的結果」這樣嗎？

 正是如此。

⇨ 看一看積分算式吧！

 積分則會使用像是把英文「S」拉成細長狀的特殊符號。

〈積分算式的意義〉

$$\int y\,dx$$

積分符號

微小的「長度」或「時間」

細分後的對象

 意外地很簡單。不過，我連哪裡到哪裡是符號都看不懂……。這裡的 y 也是對象嗎？

沒有錯。夾在這個像是拉長的 S 的符號（Integral，積分）和右邊的 dx 之間的「y」，就是對象。因為是積分，因此**對象 y 可代入「細分後的物品」**。而 dx 和微分一樣，等於「長度」或「時間」。

也就是說，**這個算式代表的是「以長度或時間計算被細分後的 y 之結果」**。

這樣啊──。

不用符號，改用文字表現的話就很好懂呢！

微分是將物品細分，因此 y 要代入「細分的對象（整體）」；積分則是將細分後的物品集合起來，因此 y 則須代入「被細分後的物品」……。

然後，如果 x 代表「長度」或「時間」，dx 則代表「微小的長度或時間」……。

再補充一點。列出積分時，像 S 的符號的右方大多會加上 a、b 等。

這個通常是指起點和終點。

寫在下方的是起點，寫在上方的是終點。

▶積分算式的意義

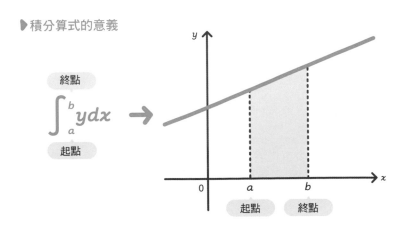

$$\int_a^b y\,dx$$

終點

起點

起點……什麼的起點？

 實施整合作業的「起點」。例如想測量頭髮長度時，有時只需要知道中間特定部分的長度。

 啊，這樣啊。若以「股價」來說，有時候只想知道最近一個禮拜的數據而已。

 沒錯沒錯，這個區間有可能是「時間」，也可能是「長度」，但<u>可以指定起點和終點</u>。

➡ 阿基米德發現的奇蹟規則

 到這邊已經讓你了解微積分的威力了，接下來我會再說明一些具體的內容。不過不會過於深入。

畢竟已學過一次函數和拋物線了，我就先畫出圖形吧。
首先，一次函數是直線。

因此若想求得這條直線和 x 軸間形成的三角形面積，只要運用「長×寬× $\frac{1}{2}$ 」這個公式即可。

因為三角形面積為長和寬構成的方形的一半。

從下表可以看出答案為「 $5 \times 4 \times \frac{1}{2} = 10$ 」。就連小學生也會算吧。

▶一次函數的面積為何？

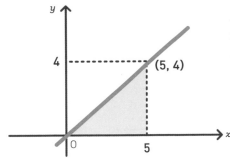

左圖中一次函數
和 x 軸間構成的
三角形面積
（著色部分）為

$$5 \times 4 \times \frac{1}{2} = 10$$

 沒有錯。

 那麼用二次函數畫出的拋物線呢？例如下一頁的圖形，想求得曲線下方的面積時又該如何？

 咦——？這和計算彎曲池塘的面積一樣吧。我不知道……。

 沒錯沒錯。我們的祖先也曾因為這些曲線苦惱過，「該怎麼求得？」就是微積分最原始的動機。
我們知道長、也知道寬，但像三角形般單純除以 2 又好像不太對……。

 凹下去的部分比整個長方形的一半還小呢……。

 就是這樣！如果你能掌握這個感覺的話就太棒了，如果無法除以 2 的話要怎麼辦呢？答案就是……
除以 3 就好啦。

▶二次函數的面積為何？

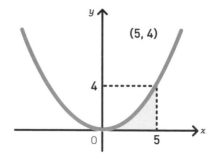

右圖中二次函數
和 x 軸間的
三角形面積
（著色部分）為

$$5 \times 4 \times \frac{1}{3} = \frac{20}{3}$$

只要除以 3 就好！

 咦……，就這樣？

 很衝擊吧？這可是阿基米德這位知識巨人教授給人類的智慧，答案就是「用 3 去除」。

 真的假的……。

 真的啦！還有一個更衝擊性的事實。
一次函數的三角形是長乘寬除以 2 對吧？二次函數的拋物線則是除以 3。而計算三次函數時，只要除以 4 就好了。

 喔喔喔，完全不知道竟然這麼簡單……。

⇨ 用國中數學解開微分

 那麼，剛才已經提過積分了。而本書中學過的國中數學知識，可以用來解開微分，因此我就先快速說明這個方式。

喔喔———。終於出現了，說不定可以消除我的創傷了。

 一定可以的。我們用 $y = x^2$ 這個單純的拋物線來說明吧。
首先，微分指的是「區分成小部分」的意思。那麼，微分後的結果則是「**變化率**」。

 就是一次函數時，不斷說明過的「**斜率**」對吧。

 沒錯沒錯（笑）。只要看圖就能了解了。將「$y = x^2$」這個拋物線，用 a 的寬度分成細部的方式就是微分。

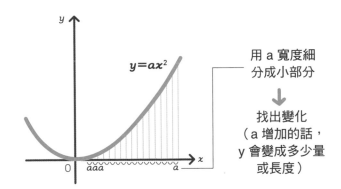

用 a 寬度細分成小部分

↓

找出變化
（a 增加的話，
y 會變成多少量
或長度）

 原來如此，實際看圖就很好理解了。

 不過呢，並非單純細分而已，微分不僅要細分，還須計算並記錄起來。

 要記錄什麼呢？

「點 x 的 y 值」和「點 x＋a 的 y 值」的變化率。

也就是說，圖形會因為寬度 a 的變化，產生長短的不同差異、其差異的量又是多少。

這個變化量……並不一定對吧？

除了一次函數以外都不一定，甚至還會不斷改變。不過運用微分的話，就能確實記錄起來。

而相對的，只要將這些變化率全部統整起來，就能了解最後變化量對吧。這個就是積分所做的事。

透過微分了解「變化率」，再以積分確認「變化量」……差別就在這裡吧。

沒錯沒錯。這是在理解微積分差異時，相當重要的關鍵。

例如已知某間公司 10 年前的營業額，只要掌握過去 10 年內的營業額成長率數據，就能計算出最近的營業額吧。

對，可以算出來。……那麼，只要用積分計算大谷翔平至今的打擊率，就能得出安打數了嗎？

不。因為區分時的寬度不一致，無法得知*。

但如果知道每 4 打席的打擊率，就能用積分計算。

---

* 對積分而言，要計算安打數，需要對安打數的變化率求積分，而打擊率並不等於安打數的變化率，主因是打席次數不一致，所以無法用積分得知。例如：某人前兩年的打擊率分別為 2 成與 3 成，根據此資料無法算出安打數，但是如果知道某人前兩年的打席次數分別為 100 與 200 次，則可算出安打數為 100×0.2＋200×0.3＝70 支安打。

啊——，原來是這樣。**我好像開始掌握概念了。**

⇨ 迅速解開微分

 那麼，我們就實際用國中數學計算二次函數的微分吧。
剛才有提過微分是為了找出變化率對吧。

例如每經寬度 a，y 的值就產生多少變化。
因此以這個圖來說，我們實際上想知道的，就是 x 在 p＋a 點
時的 y 值，減掉 x 在 p 點時的 y 值之差距。知道後再除以 a 就
能得到其變化率了。

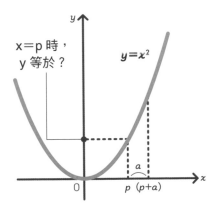

那 x 在 p 點時，y 等於什麼呢？
提示為二次函數的算式。

……啊！「因為 y＝x²」，所以 y 等於 p²。

正確答案。同樣的，x 在 p＋a 點時，y 就等於（p＋a）²。這就是兩條虛線處的高度。

要求得兩者之差，只要相減即可，故算式為（p＋a）²－p²。再將這個算式變化一下。

$$(p+a)^2 - p^2$$
$$= p^2 + 2ap + a^2 - p^2$$
$$= 2ap + a^2$$

這麼一來，就變成這個樣子。接下來要注意的則是 a²。微分等於區分成極小部分，因此以 a 的值極小為前提。

是的，無限小吧。

因為無限小的東西平方後，還會再變得更小。例如 0.1 的平方會等於 0.01。

萊布尼茲就認為「將本來就很小的數值變得更小，那就沒關係了吧？可以直接消除吧」，意思就是「太小的數值就可以當垃圾丟掉了」，例如剛剛算式中的「a²」。

怎麼覺得很隨便……不，很大膽呢。

這就是萊布尼茲厲害之處，這也是我個人相當喜歡的想法。

不過，如果把 a² 當垃圾丟掉的話，也想把 a 丟掉……。

 這個就先留著吧。
原因你很快就知道了。

這麼一來，2 條虛線高度的差距就等於「2ap」。不過，原本的目的是要計算出變化「率」，因此若在 a 這個範圍內產生了 2ap 的變化，只要相除就能得到其變化率。

〈a 到 2ap 的變化率〉
$$2ap \div a = 2p$$

 啊，a 不見了！（笑）

 對吧？那麼這個 2p 實際上要怎麼使用呢？一開始我們微分的對象是 $y = x^2$ 對吧？

 是的。

 這就是「**將函數 $y = x^2$ 微分後就變成 2x**」。剛才用 p 這個符號，求得變化率為 2p，但 p 是什麼數字都可以，也可以是 x。因此當 x＝2 時，y 的變化率（傾斜程度）為 4，當 x＝3 時，y 的變化率則為 6。

 啊，這樣啊，確實如此。

我也藉此讓 x^2 的二次方變成一次方，等於放下肩頭重擔了（笑）。再來只要乘以 2，就能套入各種二次函數中。

二次方變成一次方？

沒錯。透過區分成小部分這個步驟，讓變化變成一次方。將三次方的算式微分後則會變成二次方。微分具有這樣的特性。

相對的，若將 **2x 這個變化率變換成 x^2 的變化量，其步驟就稱為積分**。此時次方會增加一個，例如一次方變成二次方、二次方變成三次方。

▶ 微分後次方會少一個，積分後次方會加一個

這裡也可連結至剛才提過的「除以 3 就好」的話題，不過要連結至該話題，必須證明「等差數列求和」等法則，這還需要約五層左右的思考階梯，因此就到此為止吧。

五層，這真的……（可以結束了吧）。

不過，**我已經掌握微積分的觀念了！！至少可以向女兒說明了！**

實際上你也了解了一元二次方程式的微分方法，因此也掌握了微積分最難的觀念，**我想這樣就已具備足夠知識，可以說「我懂微積分！」了。**

⇨ 巧妙擊敗國高中數學的魔王！！

 因此呢……我們說明完高中數學最大魔王「**微積分**」的觀念了～！

 非常感謝老師～～～！好，我高中也畢業了！！

 恭喜你又從高中畢業了！
雖然還需要一些課程才能夠實際學會計算，但目前你已經了解到的部分就很夠了。
尤其大人想重新學習時，還是會想先知道「學了以後會怎麼樣？」、「與自己的生活有關係嗎？」等效果、效益吧。

 不過啊，這一次我充滿了成就感，**至少減輕了「總之我就是不會數學！」這種感覺**，也降低了對列出算式的障礙。
而且我可以對女兒說明從「一元二次方程式的解法」到「微積分的目的」了。

 這實在太棒了！！！

 接下來我也會以「數學頭痛男子代表」的身分，傳達給每個有數學障礙的人，透過結合生活情境的思考，就能超快搞懂數學的奧妙！

非常謝謝老師！

第
6
天

〈特別課程〉體驗看看數學的最高殿堂「微積分」吧！

恭喜♪

結語

終於出版這本禁書了……這本書不得了啊。

如果你是認真讀書的國中生，請千萬不要看這一本。

為什麼呢？因為有了這本書，就能用最快、最短的時間學會國中數學。

本書是為了曾在國高中階段受數學所苦，或者煩惱於「數學根本沒有用啊，也搞不懂」就這樣畢業的人所製作。可以說是一本「16歲以上才能閱讀（16禁）」的書。

國中生不必花上三年，只要 5～6 個小時，就能掌握國中數學，如果真是如此，一般人根本不會想要慢慢學習課本的內容吧。

這樣就糟糕了。

萬事都是這樣，必須辛勤學習後，注意到「其實有這樣的訣竅就好了！」才能更加深對知識的理解。

我大學時非常憧憬愛因斯坦，甚至開始讀起《相對論》，結果因為太過困難而一度感到挫折。

那時偶然間看到超有名的英國物理學家保羅・狄拉克所寫的相對論相關書籍。我站在書店內讀完這本書的前言，感動不已。

書中寫著：

「藉由本書，學生們可以用最少的時間、力氣，找出突破點，加深對一般相對論的理解。」

而且這本書比起其他厚厚的書本，還相當薄！多虧這本書，我就用最快速度、最短時間掌握了核心理論。

雖然我遠遠不及狄拉克老師，但我想以國中數學來說，我應該也到達達人的境界了（沒有的話也沒資格當大學教授了……）。

　　因此，我想將自己從狄拉克身上獲得的感動，傳達給對國中數學感到挫折的每一個人，才參與了本書的製作。

　　雖然我不知道能達到多少成效，但為了讓大家能用最短路徑學會國中數學，我也下了不少工夫。

　　我自創了「壅塞學」這個研究領域，以數學為基礎，持續研究如何消除塞車、大排長龍等現象。

　　學習路程中，也許會像行駛於道路般遇上塞車；也可能像行駛在小路、坡道或蜿蜒道路般，遲遲無法前進。但其實，在旁邊就有一條平坦、寬敞，且距離極短的快速道路，只是一般的地圖上並未畫出。

　　而本書就是顯示出國中數學（和一些些高中數學）的「祕密捷徑地圖」。

　　我希望透過本書，成為引導大家前往目的地的導航，不曉得大家覺得如何呢？如果能稍微幫上忙，我也感到十分開心。

　　國中數學是一切理論的基礎。我在思考點子時，也會使用到國中數學，可見其應用範圍相當寬廣。

　　大家也請將數學的智慧活用在日常生活中吧。

　　那麼就期待再次相會，再見了！

西成 活裕

台灣廣廈 國際出版集團
Taiwan Mansion International Group

國家圖書館出版品預行編目（CIP）資料

真希望國中數學這樣教：暢銷20萬冊！6天搞懂3年數學關鍵原理，跟著東大教授學，
解題力大提升！/西成活裕作；林倩仔譯. -- 新北市：美藝學苑, 2020.02
　　面；　公分. -- (知識家；10)
　　譯自：東大の先生！文系の私に超わかりやすく数学を教えてください！
　　ISBN 978-986-6220-33-3(平裝)

1.數學教育 2.中等教育

524.32　　　　　　　　　　　　　　　　　　　　　　　　　108022125

真希望國中數學這樣教

作　者／西成活裕	編輯中心編輯長／張秀環	
譯　者／林倩仔	編輯／彭文慧	
審　訂／陳鵬旭	封面設計／林珈仔・內頁排版／菩薩蠻數位文化有限公司	
	製版・印刷・裝訂／東豪・紘億・明和	

行企研發中心總監／陳冠蒨　　　　　線上學習中心總監／陳冠蒨
媒體公關組／陳柔彣　　　　　　　　數位營運組／顏佑婷
綜合業務組／何欣穎　　　　　　　　企製開發組／江季珊、張哲剛

發　行　人／江媛珍
法律顧問／第一國際法律事務所 余淑杏律師・北辰著作權事務所 蕭雄淋律師
出　　版／台灣廣廈有聲圖書有限公司
發　　行／台灣廣廈有聲圖書有限公司
　　　　　地址：新北市235中和區中山路二段359巷7號2樓
　　　　　電話：（886）2-2225-5777・傳真：（886）2-2225-8052

代理印務・全球總經銷／知遠文化事業有限公司
　　　　　地址：新北市222深坑區北深路三段155巷25號5樓
　　　　　電話：（886）2-2664-8800・傳真：（886）2-2664-8801
郵政劃撥／劃撥帳號：18836722
　　　　　劃撥戶名：知遠文化事業有限公司（※單次購書金額未達1000元，請另付70元郵資。）

■出版日期：2020年02月　　　　■初版12刷：2024年08月
ISBN：978-986-6220-33-3　　　　版權所有，未經同意不得重製、轉載、翻印。